DISCIPLINA MENTAL

DISCIPLINA MENTAL

ERIC POTTERAT, Ph.D.
E ALAN EAGLE

Traduzido por Paulo Afonso

Título original: *Learned Excellence*

Copyright © 2024 por Eric Potterat e Alan Eagle
Copyright da tradução © 2024 por GMT Editores Ltda.

Todos os direitos reservados. Nenhuma parte deste livro pode ser utilizada ou reproduzida sob quaisquer meios existentes sem autorização por escrito dos editores.

coordenação editorial: Sibelle Pedral
produção editorial: Guilherme Bernardo
preparo de originais: Heloisa Fernandes
revisão: Ana Grillo e Luis Américo Costa
diagramação: DTPhoenix Editorial
capa: Pete Garceau
adaptação de capa: Gustavo Cardoso
impressão e acabamento: Cromosete Gráfica e Editora Ltda.

CIP-BRASIL. CATALOGAÇÃO NA PUBLICAÇÃO
SINDICATO NACIONAL DOS EDITORES DE LIVROS, RJ

P891d

Potterat, Eric
  Disciplina mental / Eric Potterat, Alan Eagle ; tradução Paulo Afonso. – 1. ed. – Rio de Janeiro: Sextante, 2024.
  192 p. ; 23 cm.

  Tradução de: Learned excellence
  ISBN 978-65-5564-897-3

  1. Crescimento pessoal. 2. Sucesso nos negócios. 3. Autorrealização. I. Eagle, Alan. II. Afonso, Paulo. III. Título.

24-92144
CDD: 158.1
CDU: 159.923

Gabriela Faray Ferreira Lopes – Bibliotecária – CRB-7/6643

Todos os direitos reservados, no Brasil, por
GMT Editores Ltda.
Rua Voluntários da Pátria, 45 – 14º andar – Botafogo
22270-000 – Rio de Janeiro – RJ
Tel.: (21) 2538-4100
E-mail: atendimento@sextante.com.br
www.sextante.com.br

*Para Andrea, Lauren, Bryce,
Tamara, Will, Andie, Nolan e Claire,
que nos inspiram a aprender a excelência
todos os dias*

SUMÁRIO

Capítulo 1	Você, o realizador	9
Capítulo 2	Aprendendo sobre a excelência	17
Capítulo 3	Valores e metas	32
Capítulo 4	Mindset	52
Capítulo 5	Processo	85
Capítulo 6	Tolerância à adversidade	109
Capítulo 7	Equilíbrio e recuperação	150
Capítulo 8	Praticando a excelência	162
DISCIPLINA MENTAL – PLANOS DE AÇÃO: 30 DIAS, 90 DIAS, 180 DIAS		173
Agradecimentos		179
Notas		184
Sobre os autores		191

CAPÍTULO 1

Você, o realizador

Você é um Navy SEAL (*Sea, Air* e *Land* – "mar", "ar" e "terra", o que significa que os militares dessa tropa de elite operam em todos os cenários) e está num helicóptero a caminho de uma missão. Você checa e recheca seu equipamento. Tudo em ordem: já pode partir. Olha então para seus colegas de equipe: estão todos quietos, em meio ao ronco dos motores, pensando no que está prestes a acontecer. Você fecha os olhos e faz o mesmo, imaginando o ambiente onde logo estará – o ambiente, os ruídos, o cheiro do lugar. Também analisa os desdobramentos se tudo correr como planejado e as contingências disponíveis caso algo dê errado. O helicóptero aterrissa. Concentrado, respirando profundamente, você abre a porta.

Você é um piloto acrobático, comandando seu biplano em uma competição na qual executará diversas manobras para impressionar o público (e, com sorte, os juízes). No entanto, essas manobras submeterão seu corpo a forças G que fariam qualquer outro ser humano desmaiar. O cartão com a sequência de acrobacias está colado no painel de instrumentos a sua frente, mas é desnecessário: você já visualizou a rotina tantas vezes que quase sente que já chegou ao final e deu tudo certo. Mas de repente, ao terminar uma guinada e iniciar a seguinte, você não vê mais nada. A cabine se encheu de fumaça. Voando a 240 quilômetros por hora e 300 metros acima do solo, você levanta a capota para dissipar a fumaça e poder enxergar. É quando sente algo quente na perna: o motor está vazando combustível.

Você é chefe de polícia em uma cidade dos Estados Unidos. Está na corporação há mais de trinta anos. Começou como jovem policial e hoje comanda uma equipe grande e diversificada – é a voz da segurança pública na comunidade. Mas hoje isso não importa. Um policial morreu no cumprimento do dever e você vai visitar a família dele para oferecer condolências. A algumas quadras da casa, encosta o carro para respirar e se concentrar. O que acontecerá em seguida não diz respeito ao departamento de polícia nem à cidade. Mas suas palavras e ações poderão ajudar a família a se recuperar. Ou não.

Você é um parlamentar dos Estados Unidos e atuou em Washington, DC, por diversos mandatos. A essa altura, já se acostumou com as inevitáveis pesquisas de popularidade, com a interminável arrecadação de fundos e com o planejamento da eleição seguinte. Concebeu um projeto de lei do qual está muito orgulhoso, pois poderá fazer diferença na vida das pessoas e até salvar algumas. O projeto está em debate hoje no plenário do Congresso, com resultado incerto. O presidente da comissão de análise se opõe por motivos políticos. Assim sendo, a discussão e o subsequente processo de implementação, caso seja aprovado, certamente serão terríveis. Você retira de sua pasta fotos de pessoas que serão beneficiadas e as espalha sobre a mesa. A batalha diz respeito a elas, não a você. Seus colegas começam a fazer perguntas.

Você é um aluno a caminho da prova final. Essa avaliação representa 50% da nota, em um curso que pode aumentar ou diminuir suas chances de conseguir o emprego dos sonhos ou de entrar na faculdade que deseja cursar.

Você é um pai ou uma mãe. Seu filho mais velho está sofrendo com as panelinhas de colegas e as pressões acadêmicas do ensino médio. Seu filho mais novo está no quarto preocupado com uma prova que fará. Você precisa fazer o jantar, além de responder a dezenas de e-mails que não podem esperar até amanhã.

Você é um empresário prestes a fazer uma apresentação para um cliente, parceiro ou chefe. Trata-se de um projeto em que vem trabalhando há seis meses e com o qual se preocupa muito. Você tem trinta minutos para convencer um ouvinte cético da importância da proposta.

Você está em um púlpito para fazer um discurso. Praticou uma dúzia de vezes e anotou o que vai dizer. Agora está em uma sala lotada e luzes iluminam seu rosto. De onde você tirou que isso era uma boa ideia?

Você está num café, esperando com entusiasmo por uma pessoa que virá encontrá-lo. Vocês já conversaram por telefone e até pelo FaceTime por alguns minutos, e foi divertido! Você toma um vinho enquanto espera. A pessoa está atrasada. Quanto tempo ainda terá que esperar? De repente a porta se abre e a pessoa que você só tinha visto na tela do celular entra.

Ao ler esses relatos, você provavelmente se identificará mais com os últimos do que com os primeiros. É mais fácil que você seja um estudante, um pai ou uma mãe, um empresário, um orador relutante ou uma pessoa romântica do que um SEAL, um piloto de acrobacias aéreas, um policial ou um membro do Congresso americano. Mas todos esses cenários têm algo em comum: envolvem desempenho. Descrevem uma situação em que alguém está diante de um desafio cujo resultado é importante. Pode ser algo extremo – surfar uma onda gigantesca, entrar correndo em um prédio em chamas – ou cotidiano: um relatório de vendas, uma prova de ciências, uma atuação na peça da escola. Os riscos e o grau de dificuldade podem variar de modo significativo, mas a essência não.

Todos somos realizadores. Todos cumprimos regularmente desafios importantes para nós. Na maioria das vezes, damos o melhor. Alguns de nós são os melhores no que fazem. Muitos são bons e gostariam de melhorar. Talvez não venhamos a ser campeões mundiais de alguma modalidade, mas temos potencial e queremos honrá-lo. Assim, aprendemos, praticamos, lemos, treinamos, fracassamos, praticamos mais, nos castigamos, nos esforçamos, tentamos de novo – tudo em um esforço contínuo para nos tornarmos melhores.

Infelizmente, em meio a todos os treinamentos e preparações, tendemos a ignorar o componente mais importante do alto rendimento: o aspecto mental. Treinamos tudo, menos nossa mente. Quando chega o momento, é ela que muitas vezes nos trai.

HARDWARE E SOFTWARE

Nas próximas páginas mostrarei a você como se preparar mentalmente para esses momentos e como agir, sejam eles grandes ou pequenos, previstos ou espontâneos. Minhas percepções, meus princípios e exercícios são resultado do trabalho que realizo há mais de três décadas. Desenvolvi e gerenciei programas de desempenho mental para os Navy SEALs dos Estados Unidos, para os jogadores do time de beisebol Los Angeles Dodgers e para os atletas patrocinados pela Red Bull. Trabalhei também como treinador de desempenho para líderes das áreas esportiva, militar, de socorristas e empresarial. Pode-se dizer que sou um nerd do desempenho mental. Adoro aprender o que motiva as pessoas e como ajudá-las a se superar.

As experiências e o trabalho me colocaram frente a frente com milhares de indivíduos de alto rendimento em diversas áreas. Ao longo do caminho, desenvolvi convicções sobre o que separa os melhores dos medianos. Para entender minha tese, basta olhar para seu celular, esse dispositivo incrível que deve estar ao seu alcance neste exato momento.

Seu telefone (ou tablet, ou computador) é uma excelente peça de hardware. Tem processadores sofisticados cujas especificações usam palavras como *bits*, *núcleos* e *taxa de clock*, esta última medida em algo chamado GHz. Ele dispõe de muita memória, medida em GBs. Tem câmeras com *megapixels*, taxas de quadros e faixas de abertura. Tudo muito impressionante – e deve ser mesmo, pois é o que afirmam anúncios e avaliações por toda parte. Mas isso também é inútil. Para funcionar, o hardware precisa do software. Quem se importa com o número de GHzs e GBs de um celular? As pessoas querem receber mensagens, assistir a vídeos, publicar, jogar ou apenas conversar. O hardware é importante, mas o sistema operacional e os aplicativos é que fazem o telefone funcionar. Você pode dispor do melhor hardware, mas não adianta nada se o software não for bom. É o software que faz tudo funcionar!

Quando converso com indivíduos com alto rendimento, a história é sempre a mesma: todos têm um ótimo hardware. São seres humanos magníficos, tanto física quanto intelectualmente. Possuem qualidades que aprimoraram com trabalho árduo e repetição, como muitas outras pessoas. O que os diferencia mesmo é a abordagem mental do ofício. Eles são mentalmente durões. Não vacilam. Não se preocupam com aparências nem com o risco de dar errado; agem com base na própria identidade e em seus valores, não no que pode prejudicar sua reputação. Nos momentos de estresse, permanecem tranquilos.

Quando você observa o desempenho dos melhores profissionais, acha que eles são só diferentes. Têm uma calma e uma confiança inatas, certo? Eles devem ter nascido assim.

Não! Eles *aprenderam* a ser excelentes. Sim, talvez tenham características físicas ou intelectuais que os diferenciam do restante de nós, mas até os melhores são mentalmente falíveis. Um campeão à beira de uma competição importante também se concentra no que pode dar errado em vez de se lembrar de suas grandes qualidades. (Texto recebido de um de meus clientes algumas horas antes de uma competição: *Estou duvidando de mim mesmo, alguma sugestão?*) É o que acontece acima do pescoço e entre as orelhas que faz deles os melhores. A diferença entre se acomodar e perseverar, entre o bom e o ótimo, entre o contentamento e a realização é totalmente mental. O que faz essa diferença – assim como no celular – é o software.

ALCANÇANDO A EXCELÊNCIA

Ao longo de décadas de trabalho com profissionais, descobri algumas verdades comuns. Quase todo mundo quer fazer o melhor. Todos tentamos atingir nosso potencial máximo, e talvez um pouco mais, nos vários aspectos da vida. Algumas pessoas têm mais motivação, é claro. Trabalham mais e por mais tempo, tirando o máximo proveito de cada hora do dia, enquanto as demais se contentam em passar a noite assistindo a um programa ou a um jogo. Mas a natureza humana, em sua essência, permanece inalterada. Queremos ser bons em tudo. Isso é parte do que nos faz felizes.[1]

No entanto, muitos de nós nos sabotamos quando se trata de alcançar o máximo do nosso potencial. Em vez de nos concentrarmos em quem somos, no que queremos alcançar e em como chegaremos lá, investimos energia em pensar no que pode dar errado. O que as outras pessoas vão pensar? E se fracassarmos? O que acontecerá? Agimos com base na reputação, não na identidade. Deixamos de correr riscos. Ficamos preocupados com o fracasso. Sentimos medo. Quando envelhecemos e olhamos para trás, a maioria dos arrependimentos é pelo que deixamos de lado, não pelo que fizemos.[2] Mas gastamos grande parte de nosso tempo e nossa energia nos convencendo a não agir. Não posso fazer isso, pois corro o risco de fracassar.

Não posso fazer aquilo, pois não sou muito bom. Não posso fazer tal coisa porque vai pegar mal.

Então, quando chega o momento da apresentação, nos vemos reféns do mecanismo atávico de luta, fuga ou paralisação. A respiração e os batimentos cardíacos se aceleram. Sentimos frio na barriga, suamos mais, os pensamentos se atropelam. Essas reações podem ter sido úteis na época em que éramos perseguidos por predadores, mas hoje, na maioria dos cenários de desempenho, são prejudiciais. Não estamos preparados para o estresse e não sabemos como lidar com ele. Consequentemente, não atingimos nosso potencial máximo.

Não se sinta mal; a culpa não é nossa. Durante a maior parte da história, a educação para o desempenho em qualquer área baseava-se acima de tudo no hardware: força, resistência, técnica, nutrição, conhecimento e habilidade. Nosso treinamento mental em geral se limitava ao aprendizado mecânico, ou seja, a como fazer algo – de assar um bolo a resolver uma equação. Pense em quando você estava na escola e tinha uma prova importante. O professor ensinou a matéria, passou exercícios e talvez até tenha dito o que iria cair na avaliação. Mas será que ele ensinou você a se preparar para ela? A se acalmar e se reconcentrar ao perceber que gastou metade do tempo para responder apenas um terço das perguntas? É claro que não. Você teve que aprender por si mesmo. O hardware foi preparado, mas o software foi ignorado.

Aqui entra a psicologia do desempenho, que é, em essência, o processo de avaliar onde cada pessoa é mentalmente forte e onde precisa melhorar. E, a partir daí, orientá-la na prática de rotinas mentais para se tornar melhor e mais eficiente. Meu trabalho é ajudar profissionais a desenvolver softwares para se tornarem mais fortes, mais resilientes e mais confiantes acima do pescoço e entre as orelhas.

Neste livro, transformo tudo que aprendi na minha carreira em um conjunto claro de princípios e práticas que qualquer pessoa poderá usar para alcançar a excelência. Trata-se de um guia prático para aprimorar seu software de modo que você possa atingir seu potencial máximo em todos os aspectos da vida. Juntos, aprenderemos cinco disciplinas para alcançar a excelência – pense nelas como componentes de seu sistema operacional de desempenho. Começaremos com valores e metas. Por que você faz o que faz? O que mais desperta o seu interesse? Que metas grandes e ambiciosas pretende estabelecer para si?

Em seguida, abordaremos o mindset. Talvez você já tenha ouvido falar em mindset positivo e mindset de crescimento. O que eles significam e como alcançá-los?

Depois falaremos sobre o processo. De modo geral, ouvimos que devemos confiar no processo e não nos preocupar com o resultado. Parece legal, mas... como não nos preocuparmos com o resultado?

O próximo item será tolerância à adversidade. Estamos programados para lutar, fugir ou permanecer imóveis quando deparamos com uma situação estressante. Mas esse instinto, que ajudou nossa espécie a sobreviver em tempos remotos, não funciona muito bem na maioria das situações atuais. O que podemos fazer?

Por fim, trataremos de equilíbrio e recuperação. Você não é o que faz. Há muitos aspectos de sua vida que merecem atenção. Só que, às vezes, quando você faz malabarismo com um monte de pratinhos, pode deixar cair um ou dois. Determinadas questões precisam esperar. Certo?

Para cada um desses componentes falo sobre as práticas adotadas pelos melhores profissionais, revelo por que são importantes e mostro como funcionam. Também explico como integrá-las em sua vida e como você poderá usá-las para melhorar seu desempenho profissional. Ilustro meus princípios e práticas com histórias de algumas pessoas incríveis com quem trabalhei. Ao destacar pesquisas que confirmam minhas observações e experiências, posso parecer um nerd. Cada capítulo contém um Plano de Ação de Disciplina Mental, um resumo dos princípios abordados.

Termino com uma discussão sobre a prática da excelência. Como colocar os princípios em ação? Por onde começar? Como superar as dúvidas e os obstáculos inevitáveis? O que fazer para explicar as disciplinas da excelência que se aprende para seus colegas de equipe? E – uma pergunta que escuto muito – para seus filhos?

Este livro transforma em um guia acessível toda a minha experiência de trabalhar com milhares de profissionais e entrevistar outros tantos. Sua estrutura abrange todos os aspectos do desempenho mental – valores e metas, mindset, processos, tolerância à adversidade, equilíbrio e recuperação – e dará a você ideias claras de como praticar cada um.

Talvez você não seja um SEAL, um atleta campeão mundial, um socorrista nem um líder na área empresarial, médica ou política. Talvez não esteja participando de um ataque noturno com inimigos à espreita nem se preparando para surfar uma onda gigante. Talvez seja uma pessoa comum como todos nós, tentando se sair bem no trabalho e fazer algo bom para o mundo – sem deixar de ser um bom parceiro, pai, filho, irmão e amigo nem de se divertir ao longo do caminho. Tudo isso também é importante – na verdade, o mais importante. Por esse motivo você deseja alcançar a disciplina mental que leva à excelência.

Antes de começarmos, deixe-me falar um pouco mais sobre o que me levou a escrever este livro e por que você pode contar comigo como seu guia.

CAPÍTULO 2

Aprendendo sobre a excelência

Em 1996, após concluir a parte acadêmica do doutorado em psicologia clínica, eu tinha várias opções de estágio. Um professor recomendou a Marinha dos Estados Unidos. Ao participar de uma das reuniões, fiquei impressionado com a profundidade e a amplitude da experiência que se descortinava. Como meu avô paterno serviu no Exército suíço durante a Segunda Guerra Mundial – antes de emigrar para os Estados Unidos com a família, em 1956 –, cresci ouvindo suas experiências de guerra, entre elas abater um avião alemão estando no solo. (A Suíça manteve uma "neutralidade armada" durante a guerra. Não se aliou a nenhum dos lados, tendo mobilizado suas Forças Armadas apenas para se defender. Embora a Alemanha nunca tenha invadido o país, seus aviões frequentemente cruzavam a fronteira suíça. Um deles, pelo menos, nunca retornou.)

Meus avós e sua família chegaram quase sem nada aos Estados Unidos. Tudo que tínhamos, percebi aos poucos enquanto crescia, era devido ao risco que eles correram e a este país maravilhoso que agora era seu lar. Quando surgiu a oportunidade na Marinha, senti que o mínimo que eu poderia fazer para honrar a atuação de meu avô, o sacrifício de meus pais e a dívida de gratidão de minha família com nosso país seria servir a algo maior do que eu mesmo. Além disso, o trabalho seria em San Diego, uma cidade que minha mulher, Andrea, e eu aprendemos a amar durante meu doutorado lá.

Após concluir com sucesso o curso da Escola de Formação de Oficiais em 1996, cheguei à Marinha como tenente e passei os quatro anos seguintes trabalhando como psicólogo clínico no Centro Médico Naval, em San Diego. Meu trabalho incluía oferecer psicoterapia ambulatorial, tanto individual quanto em grupo, para o pessoal da Marinha em serviço ativo e aplicar tratamento psicoterápico para transtornos de ansiedade, transtornos depressivos e de adaptação, transtornos de estresse pós-traumático (TEPT) e abuso e dependência de substâncias. Também cabia a mim avaliar indivíduos quanto à aptidão para o serviço (estariam mentalmente aptos para uma função especializada?) e fazer checagens de segurança (por exemplo, avaliar submarinos e armas), conduzir interrogatórios sobre incidentes críticos, fazer diagnóstico psicológico (testes de personalidade) e oferecer "supervisão de emergência" (avaliação e ajuda a pessoas com tendências suicidas ou homicidas). Ah, e ainda dar aulas.

Alguns meses antes do fim dessa experiência, recebi uma proposta para continuar meu trabalho clínico no hospital naval americano em Rota, na Espanha. Estava completando quatro anos de serviço, portanto poderia deixar a Marinha e voltar para a vida civil. Certa noite, Andrea e eu saímos para jantar e conversar sobre o assunto. Tínhamos uma filha de 1 ano e seria fácil permanecer na vida confortável em San Diego. Mas Andrea levantou uma questão: queremos passar a vida dando duro em nossas carreiras só para podermos viajar quando nos aposentarmos? Ou queremos conhecer o mundo agora? Ficou claro que ir para a Espanha era a resposta certa.

Meu trabalho clínico continuou em Rota, e também tive a ótima oportunidade de trabalhar com a NASA nas missões de ônibus espaciais, atuando como supervisor médico nos locais de pouso em caso de mudança de planos. Após o lançamento do ônibus espacial, havia uma janela de quatro minutos em que a missão poderia ser abortada e o ônibus redirecionado para pousar no Marrocos ou na Espanha. Caso isso acontecesse, minha função seria ajudar os astronautas e servir como oficial em terra, responsável por garantir a integridade da missão e providenciar qualquer atendimento médico necessário em instalações fora dos Estados Unidos. Felizmente, nenhuma das missões que cobri precisou ser abortada, mas conheci e trabalhei com diversos astronautas e líderes da NASA.

Quando meu período de três anos em Rota estava chegando ao fim, decidi voltar para a Califórnia com a família. Já havia cumprido minha obrigação com a Marinha e poderia retornar à vida civil. Mas em 11 de setembro de 2001 os Estados Unidos foram atacados. Não havia como sair naquele momento em que servir era mais importante do que nunca. Lembrei-me de meu avô, que defendeu a fronteira suíça na Segunda Guerra Mundial. Felizmente me ofereceram um trabalho perfeito, em que eu poderia colocar em prática minhas habilidades e minha experiência: o de psicólogo-chefe na escola SERE, da Marinha.

O MAIS ALTO NÍVEL DE ESTRESSE

SERE é a sigla para sobrevivência, evasão, resistência e escape. Se você faz parte das Forças Armadas e está indo para um posto onde possa correr perigo, a escola SERE fornecerá ensinamentos vitais sobre como navegar, construir abrigos, encontrar alimentos na natureza e evitar ser capturado. Se isso acontecer, o oficial terá aprendido também a suportar o cativeiro, a privação de sono e outras experiências extremas, o que aumentará suas chances de sobreviver e voltar para casa.

A SERE envolve mais que treinamento de habilidades físicas. Tanto uma evasão quanto uma captura impõem níveis de estresse que a maioria de nós nem consegue imaginar. Pessoas em situações como essas vivem em um estado quase constante de fuga, luta ou paralisação, o que inibe a capacidade de pensar com clareza e agir com eficiência. O objetivo do treinamento da SERE é preparar seus alunos para esse estresse proporcionando uma amostra dos desafios que poderão enfrentar se forem pegos pelos inimigos. Assim, caso algum dia se vejam em um cenário desse tipo, terão mais condições de superar a situação.

Os alunos da SERE são levados a uma região selvagem e remota, onde aprendem técnicas de sobrevivência. Lá, são capturados por "bandidos" que parecem reais. Na verdade, são militares norte-americanos, mas seus uniformes, vocabulário, armamentos, veículos e comportamentos espelham o inimigo. Os alunos são submetidos a experiências que se aproximam muito das que poderiam encontrar em uma prisão. Chamar o treinamento da SERE de intenso é pouco: seus alunos vivenciam um nível de estresse tão alto (medido por níveis de cortisol) que jamais foi visto em pesquisas. Em nenhum momento correm perigo, mas essas pessoas, que são literalmente as mais estressadas do planeta, não costumam se lembrar disso no calor do momento.

Alguém que começa em um novo emprego costuma passar por algum tipo de treinamento. Quando fui trabalhar na SERE, não foi diferente. Mas não se tratava de uma orientação comum. Eu não seria enviado para nenhum lugar perigoso, mas recebi o mesmo programa de treinamento que mais tarde supervisionaria.

Juntei-me ao grupo em um local remoto e montanhoso, onde treinamos por alguns dias técnicas de navegação e sobrevivência na natureza. Aprendemos a evitar capturas, mas não o suficiente. Um dia, quando estávamos fazendo um exercício, fomos cercados por membros de uma imponente força militar – não identificável, mas hostil aos Estados Unidos. Pareciam bandidos de verdade: trajavam uniformes de aparência estrangeira, falavam uma língua desconhecida (nunca descobri qual era) e dirigiam veículos de outra procedência.

Os dias que se seguiram estão entre os mais intensos que já vivi. Submetido a interrogatórios, privação de sono e outras experiências desagradáveis, lutei contra alucinações e tentei me aferrar à ideia de que não estava de fato em perigo. Pensei em estudos sobre prisioneiros de guerra no Vietnã que sobreviveram vendo a própria situação com senso de humor. Voltei para casa, em San Diego, com 15 quilos a menos e um novo apreço pelo rigoroso treinamento da SERE.

Meu trabalho era supervisionar os componentes psicológicos do programa preparatório da SERE, projetando novos currículos para treinar os alunos sobre gerenciamento de estresse extremo e de seus respectivos cenários, ao mesmo tempo que os mantinha seguros. Essa função, que comecei a exercer em 2003, deu início à minha transição do trabalho primário como psicólogo clínico – ajudando na superação de desafios mentais e na volta ao "normal" – para o trabalho como psicólogo de desempenho, colaborando para elevar a disciplina mental das pessoas de modo a alcançarem seu potencial máximo.

(O treinamento da SERE se assemelha à famosa Experiência da Prisão de Stanford, realizada em 1971 e conduzida pelo Dr. Philip Zimbardo. Durante a experiência, sua equipe simulou uma prisão no campus da Universidade Stanford, dividindo aleatoriamente estudantes voluntários em prisioneiros e guardas. A experiência, prevista para durar duas semanas, foi interrompida após apenas seis dias, pois alguns guardas começaram a tratar os prisioneiros de modo sádico. Fazia parte das minhas funções garantir que nada parecido acontecesse na SERE. Tive a honra de compartilhar parte do nosso trabalho com o Dr. Zimbardo.)

Na época, a psicologia do desempenho despontava como um ramo da psicologia, portanto, meu momento era propício. Um dos principais componentes do desempenho é o gerenciamento do estresse. Isso se dá por meio do uso da mente para controlar o corpo no momento exato em que tudo o que ele quer fazer é dar um soco, sair correndo ou se esconder. Em meu trabalho na SERE, estive no epicentro do principal local de treinamento de respostas ao estresse do mundo. Vi em primeira mão as táticas mentais utilizadas pelos melhores profissionais para obter sucesso e testemunhei as reações ao fracasso. Uma oportunidade e tanto.

Na SERE, recebi uma autorização de segurança ultrassecreta para trabalhar diretamente com pessoas que se preparavam para missões confidenciais ou retornavam delas. Isso foi muito útil quando, além de manter as responsabilidades na SERE, fui convidado para ser um dos principais psicólogos da equipe de repatriação da Marinha. Trabalhei com militares que haviam sido encarcerados em outros países e conseguiam retornar aos Estados Unidos. Cuidei da sua saúde e segurança, participei dos interrogatórios e os ajudei na reintegração às famílias e aos amigos.

Em 2005 recebi a tarefa memorável de ser o principal psicólogo a atender o SEAL Marcus Luttrell. Ele sobrevivera a uma batalha no Afeganistão que custara as vidas dos demais integrantes de sua equipe e se abrigara em uma aldeia afegã durante vários dias até ser resgatado. Conheci Marcus numa base em San Antonio, no Texas, quando ele retornou aos Estados Unidos vindo de uma base na Alemanha. Depois passei uma semana com ele e a família em sua casa no Texas, onde pude ajudá-lo a se reintegrar aos poucos. Marcus acabou escrevendo um livro sobre suas experiências, *O único sobrevivente*, que em 2014 deu origem ao filme *O grande herói*.

Meu trabalho com ex-prisioneiros e com Marcus me mostrou como os seres humanos podem ser resilientes mesmo sob extrema pressão. Soldados capturados em uma guerra têm um histórico muito variado. Alguns, como os SEALs ou os ex-alunos da SERE, são bem treinados; mas outros – motoristas de caminhão, por exemplo – talvez não sejam. Apesar disso, muitos dos não treinados lidam bem com uma captura. De onde tiram forças? Da positividade e do propósito. Eles querem rever suas famílias e seus entes queridos. Não podem desistir, pois têm muitos motivos para viver. O poder dessa motivação, para eles, é existencial.

SEALS, RED BULL, DODGERS E WORLD SERIES

No início de 2006, o almirante Joseph Maguire, líder do Comado Naval de Operações Especiais, me ligou perguntando se eu estaria interessado em me tornar o primeiro psicólogo do treinamento BUD/S (Basic Underwater Demolition/SEAL – SEAL de Demolição Subaquática Básica).

Trata-se do programa de treinamento para os novos SEALs, as equipes de mar, ar e terra que reúnem os melhores entre os melhores da Marinha. Aceitei e, em setembro de 2006, saí da SERE e me tornei psicólogo-chefe do BUD/S.

Minha função tinha duas vertentes. A primeira era criar um mecanismo de avaliação psicológica para ajudar a identificar quais candidatos tinham mais probabilidade de sucesso no treinamento BUD/S e quais tinham mais probabilidade de fracassar. Na época, a taxa de insucesso no BUD/S (pessoas que não concluíam o treinamento) era de 75%. Isso impedia que a Marinha atingisse seu objetivo pós-11 de Setembro: aumentar rapidamente o número de SEALs. Será que eu seria capaz criar um sistema de avaliação que eliminasse os candidatos menos promissores antes de iniciarem o treinamento?

Nos 18 meses seguintes, minha equipe e eu desenvolvemos, do zero, um teste psicológico de resiliência que, quando combinado com dados sobre as características físicas do candidato, tornou-se um excelente indicador (mais de 97% de precisão) de quem seria reprovado no BUD/S. Aplicamos o teste em todas as turmas que chegavam e usamos os resultados para filtrar quase 20% dos candidatos. As taxas de conclusão do BUD/S aumentaram de 25% para cerca de 40%. Foi uma grande vitória do programa. (As pessoas que obtinham uma pontuação baixa em atributos físicos e mentais tinham a chance de tentar melhorar e se candidatar novamente.)

A ferramenta de avaliação que desenvolvi para o BUD/S não pretendia descobrir o que havia de errado com ninguém. Todos eram espetaculares, mental e fisicamente aptos. Não havia nada de errado com eles. Nosso trabalho era ajudar a Marinha a discernir quem estava mentalmente preparado para dar o melhor de si sob extrema pressão. Diferentemente de muitas das ferramentas de avaliação mental disponíveis para os psicólogos, nosso sistema não tinha como objetivo curar as pessoas, e sim prever o desempenho com base em determinadas características psicológicas. Funcionou muito bem.

Minha outra vertente quando entrei no BUD/S era criar um currículo de força mental. Desenvolvemos uma ferramenta para avaliar e prever o desempenho mental. Conseguiríamos treinar os alunos que passaram no teste para se tornarem ainda mais resistentes? Poderíamos treinar os melhores para melhorar? Até então, o BUD/S não tinha um programa de resistência mental codificado e que pudesse ser ensinado. Acreditava-se que um regime físico extremo e rigoroso daria conta do recado. Quem conseguisse sobreviver à infame Semana Infernal, o ponto alto do treinamento do BUD/S, só poderia ser mentalmente forte. O que não é de todo verdadeiro. Sim, os alunos precisavam ser muito fortes em termos físicos e mentais, mas haveria algum modo de entender melhor as técnicas e táticas usadas para enfrentar com sucesso a adversidade extrema? E de treiná-los para serem ainda mais resistentes? A resiliência era incrível, mas fora aprendida antes de chegarem ao BUD/S. Ajudar esses alunos a aprimorá-la se tornou minha missão.

Comecei a me aprofundar em todas as pesquisas sobre o assunto. Em 2006, por exemplo, meus colegas britânicos realizaram um estudo seminal que envolvia o mergulho de indivíduos em água gelada. Quando você entra em água tão fria, arqueja, claro! É um reflexo que não pode ser controlado. Mas os britânicos descobriram que pode, sim. O programa de treinamento que eles desenvolveram, totalmente mental, permitiu que participantes do estudo retardassem o reflexo de arquejar. Depois recebiam uma toalha quente e uma xícara de chá forte.[1]

Durante o período em que estive no BUD/S, o interesse do público pelos Navy SEALs e suas práticas de treinamento intenso cresceu muito, sobretudo por causa do incrível sucesso nos campos de batalha pós-11 de Setembro. Diversos noticiários de TV e artigos de revistas passaram a falar do BUD/S, muitas vezes mostrando vídeos e fotos de estagiários fazendo algum tipo de exercício físico extremo (carregando grandes troncos, surfando vestidos com equipamento de combate) em nossa praia de San Diego.

Pessoas famosas começaram a visitar as instalações do BUD/S, inclusive atletas e equipes das principais ligas profissionais. Eu, que fazia carreira na área da psicologia do desempenho, recebi a visita de muitos dos melhores atletas do mundo.

Fiz então uma solicitação ao meu comandante. Nosso oficial de relações públicas vivia respondendo a pedidos de visita e todos os atletas eram bem-vindos para assistir ao treinamento dos alunos. Será que eles poderiam conversar comigo durante as visitas? Gostaria de lhes fazer algumas perguntas. Por exemplo, como se preparavam para os jogos? Que práticas mentais os tornavam capazes de superar todos os outros para chegar ao topo? Que técnicas mentais adotavam para atuar sob pressão – e quando elas são mais importantes? Seriam encontros de apenas uma hora.

Meu comandante concordou: seria uma espécie de retribuição enquanto estivessem visitando o BUD/S. Os times não se opuseram. Sempre que um atleta vinha observar o treinamento dos SEALs no BUD/S, eu o entrevistava durante cerca de uma hora. Foi assim com dezenas de times profissionais, equipes olímpicas dos Estados Unidos, Lance Armstrong, Michael Phelps, Tiger Woods e muitos outros. Com o tempo montei um vasto banco de dados de abordagens mentais utilizadas pelos melhores atletas do mundo.

Incluí essa e outras pesquisas no primeiro currículo de força mental dos Navy SEALs. No entanto, quando analisei o programa com um grupo focal de instrutores do SEAL e outros especialistas (nunca vi tantos caras durões juntos!), eles não se mostraram muito confiantes. Todos tinham desenvolvido sua resistência mental à moda antiga: sobrevivendo à Semana Infernal. De que adiantaria codificar as técnicas? Por fim, chegamos a um acordo: integramos técnicas de desempenho mental às sessões de treinamento do BUD/S, mas durante a Semana Infernal nenhum recurso da psicologia do desempenho seria permitido. Os alunos precisariam lidar sozinhos com o estresse, mas pelo menos teriam acesso a ferramentas e técnicas mentais aprendidas no BUD/S para ajudá-los. Assim nasceu um dos primeiros programas militares do mundo empiricamente desenvolvido para enfocar o treino mental a fim de maximizar o desempenho.

Levamos quase três anos para pôr em pé o programa completo de resistência mental e implantá-lo no BUD/S. Logo depois, mudei de trabalho: tornei-me psicólogo-chefe de todas as equipes do SEAL em implantação na Costa Oeste. Nessa função, tive a oportunidade de reforçar as técnicas de desempenho mental que os SEALs aprenderam no BUD/S mediante contínuos exercícios práticos. Quando estava no BUD/S, eu treinava alunos que tentavam se tornar SEALs; na nova função, comecei a trabalhar com os SEALs combatentes. As atividades fundamentais dos SEALs são atirar, se deslocar e se comunicar. Muitas vezes eles atuam sob risco de morte, e meu trabalho era torná-los mais eficientes. Quando estavam no BUD/S, era como se aprendessem o ABC da força mental, mas, assim que se formavam e se juntavam a uma equipe SEAL, deveriam ser capazes de formar frases inteiras. Permaneci como psicólogo do Primeiro Grupo de Guerra Especial Naval de 2009 a 2012, quando trabalhei principalmente com as equipes de SEALs 1, 3, 5 e 7. (Existem oito equipes de Navy SEALs. As equipes 1, 3, 5 e 7 são sediadas em Coronado, Califórnia, próximo a San Diego, enquanto as equipes 2, 4, 8 e 10 ficam na base de Little Creek, em Virginia Beach, Virgínia.)

Em 2012 tornei-me psicólogo para toda a comunidade SEAL no Comando de Guerra Especial Naval, cargo que ocupei até setembro de 2016, quando me aposentei da Marinha como comandante após vinte anos de serviço. O psicólogo líder da comunidade SEAL no mundo inteiro é responsável pela saúde mental, resiliência, otimização do desempenho, avaliação e triagem psicológica, bem como por políticas e decisões de pesquisa. Hoje a Marinha respeita os aspectos mentais do treinamento como um componente crítico da seleção, do treinamento e do apoio ao pessoal. Os Estados Unidos estão mais fortes por causa disso.

Enquanto ainda servia na Marinha, obtive permissão para começar a trabalhar com a Red Bull, empresa de bebidas esportivas que patrocina mais de 850 atletas em uma ampla variedade de esportes, de futebol australiano e *BASE jumping* (modalidade em que o atleta salta de penhascos, prédios, pontes, etc., usando um paraquedas específico para baixas altitudes; a taxa de mortalidade é altíssima) até vôlei e *wingsuit* (traje planador). Meu trabalho foi ajudar a Red Bull a desenvolver um novo programa – os campos de "desempenho sob pressão", conhecidos como PUP (*performing under pressure*). Pense em um treinamento semelhante ao SERE, mas para atletas radicais. Reunimos competidores de elite de diversos esportes e os submetemos a um estresse inédito para eles (havia ursos-pardos e poços com cobras). Além dos desafios físicos, havia também exercícios emocionais. Atletas que saltam de penhascos não se intimidam facilmente com exercícios físicos. Mas e se forem colocados num palco diante de conhecidos para revelarem uma lembrança íntima? Eles podem não ter medo de morrer, mas a perspectiva de chorar diante de uma plateia é algo assustador.

Fui o psicólogo-chefe dos acampamentos PUP, vacinando centenas de atletas de elite contra o estresse que vivenciavam nas competições. Quando você é perseguido montanha abaixo por um urso-pardo (treinado para ser dócil, mas eles não sabiam disso!), competir em um campeonato mundial já não parece tão complicado. Além dos acampamentos PUP, fui responsável por todos os programas de desempenho mental da Red Bull, trabalhando com atletas para ajudá-los a aprimorar sua agilidade mental.

Em 2015 o Los Angeles Dodgers entrou em contato comigo. Eles tinham feito um tour pelo BUD/S, conhecido o que havíamos criado e queriam que eu fosse trabalhar com eles quando me aposentasse da Marinha. Cerca de um ano depois, já aposentado, entrei para a equipe como psicólogo de desempenho em tempo integral e os ajudei a criar programas para avaliar, selecionar, desenvolver e aprimorar talentos. Minha equipe e eu elaboramos avaliações e currículos detalhados de desempenho mental para cada jogador da organização, identificando seus aspectos mentais fortes e fracos, de modo a ajudá-los a dar o melhor de si quando chamados a atuar.

Entrei para os Dodgers por ser uma grande oportunidade de trabalhar com uma organização excelente e atletas incríveis, mas também porque eu me transformara em um fanático torcedor do time! Ainda consigo citar as escalações iniciais da maior parte das equipes a partir de 1975. Quando entrei para a organização tive de me beliscar ao passar por lendas como Steve Garvey, Orel Hershiser, Steve Yeager e Tommy Lasorda na sede do clube.[2] Comecei ativando programas mentais semelhantes aos desenvolvidos para os SEALs, dessa vez para o beisebol, não para batalhas.

Sabe aquele zagueiro que entra no lugar de um atacante no final do jogo, quando o time está ganhando, só para ajudar na defesa? É provável que apenas alguns minutos antes de entrar em campo ele estivesse conversando comigo no banco, concentrando-se no momento, visualizando o sucesso, eliminando conversas negativas consigo mesmo e respirando fundo. Ou aquele jovem muito elogiado que foi contratado para o time titular, mas acabou indo parar na equipe sub-23? É bem provável que eu o tivesse entrevistado e traçado seu perfil completo muito antes da contratação. Os Dodgers eram uma organização incrível para se trabalhar: um grupo de proprietários inigualável e um presidente visionário na área do beisebol (Andrew Friedman), que implantou uma cultura de inovação, desenvolvimento, decisões baseadas em dados e trabalho em equipe. Essa combinação funcionou bem com as avaliações de personalidade antes das contratações e os programas de desenvolvimento e aprimoramento do desempenho mental. Durante meu período, os Dodgers tiveram o maior número de vitórias em temporadas regulares na Liga Principal de Beisebol, ganharam três campeonatos da Liga (isso não acontecia desde 1988) e venceram a World Series de 2020. Algumas das minhas melhores lembranças são do banho de champanhe que tomei após as vitórias, cortesia dos jogadores, e de ter recebido um anel comemorativo da World Series.

Desempenhei um papel semelhante com a equipe de futebol feminino dos Estados Unidos. Antes da Copa do Mundo de 2019, a treinadora Jill Ellis me perguntou se poderia ajudar a otimizar as técnicas mentais e a administrar a intensa pressão que as jogadoras estavam sofrendo para defender o título. Nos campos de treinamento trabalhei com todas as atletas, algumas delas semanalmente, e com a comissão técnica. Fiquei orgulhoso e encantado quando Megan Rapinoe, Carli Lloyd, Alex Morgan e companhia deixaram a França levando a Copa do Mundo.

"COMO POSSO MUDAR ISSO MENTALMENTE?"

Tive também o privilégio de trabalhar com dezenas de atletas olímpicos, incluindo quatro atletas de quatro países que conquistaram um total de oito medalhas (quatro de ouro, três de prata e uma de bronze) nos Jogos

Olímpicos de Inverno realizados em Pequim em 2022. Talvez o de maior destaque tenha sido o patinador artístico Nathan Chen. Nascido e criado em Salt Lake City, Utah, ele foi estimulado a patinar ainda menino quando os Jogos Olímpicos de Inverno de 2002 foram realizados em sua cidade. A partir de então, com poucas exceções, tudo foi um enorme sucesso. Com sua mãe atuando como treinadora nos primeiros anos, ele foi subindo de nível nas competições, se esforçando e se destacando em saltos e movimentos cada vez mais difíceis. Seu compromisso com o esporte, seu trabalho árduo e seu talento o levaram muito longe.

Como bicampeão dos Estados Unidos e em meio a muita badalação e pressão, Nathan participou dos Jogos Olímpicos de Inverno de 2018 – em Pyeongchang, na Coreia do Sul – como grande favorito. Mas tudo foi por água abaixo no primeiro segmento da competição, o programa curto. Em pouco menos de três minutos, Nathan passou de favorito a perdedor, errando vários movimentos e terminando em 17º lugar. Alguns dias depois, sem a mesma pressão, ele se destacou na patinação livre da competição, obtendo a maior pontuação da história olímpica. Isso o levou ao quinto lugar na classificação geral, resultado que não era ruim, considerando seu péssimo início, mas muito decepcionante para ele.

Recuperando-se da fraca exibição olímpica, Nathan venceu os campeonatos mundiais de 2018 e 2019. No entanto, num esporte no qual a maioria das pessoas só presta atenção de quatro em quatro anos, essas vitórias não foram suficientes para apagar a decepção olímpica. Mas Nathan estava determinado a tentar o ouro olímpico de novo. "Eu precisava de técnicas mentais que me permitissem ser o melhor possível nos Jogos", disse. Embora fosse excelente patinador, sabia que precisava trabalhar sua mente para conquistar o único prêmio que lhe havia escapado.

Em junho de 2021 começamos a usar ferramentas como visualização, conversas mentais com ele mesmo, mentalização e diversão. Principalmente diversão, pois, em 2018, Nathan não tinha se divertido. "Não me lembro nem de ter estado lá", disse sobre as Olimpíadas de Pyeongchang. "Não me lembro da bandeira, do refeitório. Estava me dedicando, mas não aproveitando. E me sentia magoado o tempo todo. Geralmente, quando estou patinando, fico atento e concentrado. Vejo as cores e as formas. Mas em 2018 era como se não estivesse lá."

Nathan e eu conversamos muito sobre os motivos que o levavam a patinar, a amar o esporte e a competir em seus níveis mais altos. De que ele gostava quando era criança? Da diversão! Ele teria que recuperar aquela alegria e se lembrar dela nos momentos mais críticos. Assim, "promoveria um mindset de gratidão", como ele mesmo disse. "Quanto mais eu colocava isso em palavras, mais me divertia. Às vezes me forçava a repetir: sou muito grato por estar aqui. Mesmo que não sentisse isso. Dizer essas coisas a mim mesmo me lembra dos aspectos bons da patinação e de todos os momentos felizes que vivi."

Discutimos essas práticas com frequência durante os meses que antecederam os Jogos de Pequim. Já no início das competições, poucas horas antes do programa curto, Nathan me enviou uma mensagem: *Continuo cometendo erros em dois elementos diferentes. Como posso preparar minha mente para executá-los corretamente quando for importante? Muitos juízes e a mídia estão chegando. Estou começando a ficar distraído. Não consigo curtir tanto quando sinto que estou sendo criticado. Como posso mudar isso mentalmente?*

Receber esse texto pouco antes da competição me deixou preocupado, mas também me encorajou. Anos antes, Nathan pensava na patinação como um exercício apenas físico. Pratique os movimentos, faça-os corretamente e a vitória virá. Agora suas perguntas eram reveladoras: ele sabia que para corrigir os elementos problemáticos precisaria de disciplina mental, não apenas de mais tempo no gelo. E o nervosismo quando viu os juízes e a mídia chegando? Também se tratava de um desafio mental, não físico.

Quando li as mensagens, a meio mundo de distância, na minha casa em San Diego, sabia que Nathan já tinha as respostas. Ele só queria ouvi-las de mim. Comecei escrevendo que ele deveria visualizar seu programa, sobretudo os movimentos problemáticos: *Visualize os movimentos concluídos com sucesso usando todos os sentidos possíveis. Seu cérebro vai estabelecer as conexões de sucesso.* E os juízes e a mídia? Eu disse que eram *algo passageiro se comparados com sua experiência. Diga a si mesmo que eles não são diferentes das pessoas que assistem a seus treinos na arquibancada. Trata-se da sua experiência, não da narrativa deles. Desde criança você adora patinar e criar movimentos no gelo. Seja você mesmo aí. A experiência é só sua.* E concluí: *Lembre-se, emoções são contagiosas. Seu corpo seguirá suas emoções. Crie emoções de diversão, entusiasmo, felicidade, uma prática estimulante, solta e feliz. O corpo vai acompanhar.*

Ok, muito útil. Muito obrigado!, respondeu Nathan.

Depois não tive mais notícias. Será que meus conselhos tinham funcionado? Quando liguei a TV para assistir à competição, as câmeras seguiam Nathan na área de aquecimento dos atletas. Como muitos dos patinadores, ele estava visualizando seu programa, com os olhos fechados, fones de ouvido e o corpo imitando alguns dos movimentos que faria no gelo. Eu já vira aquilo muitas vezes, mas ali havia algo um pouco diferente. Nathan estava rindo! Não muito, não muito alto, mas várias vezes. Enquanto se movia em seu mundo, encontrara motivos para rir.

"Acho que foi natural", contou ele mais tarde quando perguntei sobre os riscos. "Eu estava tentando conscientemente me divertir. Foi para isso que treinei. Disse a mim mesmo que, independentemente do resultado, queria ter aquela oportunidade."

Ele conseguiu. Um sino-americano competindo na cidade natal de sua mãe sob os olhos de bilhões de pessoas em todo o mundo, enfrentando os rígidos protocolos da covid-19 e um programa desafiador após investir quatro anos para apagar a lembrança de um programa de três minutos que não deu certo, fez a melhor exibição de sua vida e se tornou campeão em sua última Olimpíada. Na verdade, afora os militares e socorristas com quem trabalhei e que vi em ação, sua apresentação no programa curto foi um dos maiores, se não o maior, desempenho humano que já testemunhei. Nathan Chen é um atleta e um indivíduo superior, dono de um intelecto aguçado, uma humildade sem limites, uma ética de trabalho exaustiva e valores sólidos. Tudo que conquistou na vida, dentro e fora do gelo, é resultado direto dessas características. Eu apenas o orientei a descobrir as técnicas de desempenho mental necessárias para que pudesse dar o melhor de si. A concretização dessas técnicas foi obra dele.

Durante o tempo em que trabalhamos juntos, Nathan aprendeu e se destacou em várias técnicas de desempenho mental: visualização, preparação detalhada do mindset, conversa interior positiva e foco apenas no que podia controlar. Por trás de todas essas táticas, estava o princípio fundamental da diversão e seu parente próximo: o propósito. Por que nos apresentamos? Sim, os resultados são importantes: os troféus, as medalhas, os pagamentos e as recompensas. Mas o que realmente nos motiva está dentro de nós. O significado, o propósito e a alegria não estão ligados a juízes, classificações ou recompensas. São intrínsecos. Para se tornar um campeão olímpico, Nathan precisou esquecer que era um campeão olímpico e lembrar de se divertir.

Como conseguiu? "Em Pequim, dividi uma suíte com três dos meus amigos mais próximos da equipe. Como tinha levado o violão, tocava durante uma hora e nem percebia o tempo passar. Realmente me diverti!" E venceu a competição.

Mas chega de falar de mim. Vamos ao trabalho. Você está pronto para aprender sobre disciplina mental e conquistar a excelência?

CAPÍTULO 3

Valores e metas

Comecei a pensar que eu era um ser humano, em primeiro lugar, e um saltador, em segundo. Pela primeira vez na carreira, consegui superar completamente o fenômeno da reputação.

– David Colturi, saltador de penhascos

David Colturi costumava se preocupar com sua reputação, o que é bastante estranho para alguém que ganha a vida saltando de penhascos. Sim, existe um esporte chamado mergulho profissional de penhascos. Organizada pela Red Bull, a competição World Series de mergulho de penhascos realiza dezenas de eventos todos os anos no mundo inteiro. Os saltadores pulam de uma pequena plataforma, em geral construída no topo de um penhasco – mas ocasionalmente em pontes e prédios – a uma altura de cerca de 27 metros. Atingem a água a uma velocidade de mais de 80 quilômetros por hora. Quando está mergulhando, David tem muito mais com que se preocupar além da reputação.

"Você está lá em cima, a 27 metros, que é a altura de um prédio de oito andares. Quando se aproxima da borda e olha para baixo, os salva-vidas são pequenas manchas na água. Parecem formigas", descreve David. Ao se imaginar no lugar dele, qualquer pessoa pode sentir apreensão. Ou medo. David também sente. "É quando meu instinto de medo *primordial* entra em ação – a resposta de lutar ou fugir. O medo é necessário. Mas não se trata de não sentir medo, e sim de controlá-lo."

Criado em Ohio, David praticava muitos esportes. No ensino médio começou a se dedicar aos saltos ornamentais – nos trampolins e nas plataformas elevadas. (Os trampolins ficam até 3 metros acima da água. As plataformas, até 10 metros.) David se destacou na plataforma de 10 metros. Em 2009 venceu o campeonato nacional masculino dos Estados Unidos, tanto no salto individual quanto no sincronizado (salto em dupla, com dois atletas fazendo os mesmos movimentos). Nessa época, começou a mergulhar de alturas ainda maiores. Arrumou um trabalho de verão nos shows aquáticos de um parque de diversões e já então saltava de uma plataforma a 20 metros de altura! Ele chegou a ingressar na Universidade Purdue, onde fez cursos de pré-medicina, planejando estudar na faculdade os limites do desempenho humano. Por fim, decidiu aprender sobre esses limites por experiência própria, saltando de penhascos. Em 2012 ele se classificou para a Red Bull World Series, algo inédito para alguém da sua idade.

Ao longo do caminho, os treinadores de David o apresentaram a muitos treinamentos mentais, como mentalização, visualização e compartimentalização, mas não funcionou. "Eu era muito emotivo, me preocupava com a opinião das outras pessoas, com todas as distrações e ruídos, não conseguia excluir isso. Quando meus treinadores me mostravam as técnicas, eu era incapaz de me adaptar a elas", reconheceu.

David e eu começamos a trabalhar juntos em abril de 2016. Na época, ele era um tático, um saltador muito habilidoso que usava técnicas mentais, como a visualização. Mas ainda se concentrava muito na reputação e, com frequência, deixava que as emoções o dominassem. Minha avaliação inicial constatou que ele tinha baixo controle emocional, muitas conversas negativas consigo mesmo e baixa pontuação em automatismo, que é a capacidade de confiar no treinamento e entrar no "piloto automático" durante uma apresentação. Indivíduos com baixa pontuação nesse quesito tendem a pensar demais nas apresentações seguintes, o que pode provocar paralisia da ação, ansiedade e insegurança. O que não é recomendável para quem está prestes a mergulhar de um penhasco a 27 metros da água. Nessas situações, é preciso esvaziar a mente e confiar no treinamento.

No verão de 2018, David estava competindo em um evento em Sisikon, um vilarejo às margens do lago Lucerna, na Suíça. Para ajudar a promover o evento, ele concordara em fazer um *teaser dive*, quando o saltador realiza um mergulho acrobático alguns dias antes. No caso de David, a façanha envolvia saltar de uma pequena plataforma suspensa em um parapente – pois mergulhar de um penhasco não era difícil o bastante. Ele e o piloto decolaram de uma colina próxima, sobrevoaram o lago e, no ponto certo, David pulou.

A primeira tentativa não foi muito boa. Determinados a fazer tudo certo para as câmeras, David e o piloto tentaram novamente. "Na segunda tentativa chegamos muito alto. A velocidade era baixa, então me levantei e me preparei para saltar. Tive a impressão de que estávamos muito acima do previsto e, assim que pulei, tive certeza. Acho que estávamos a uns 150 metros. Pouco antes de atingir a água – ia cair de barriga –, dei um jeito de me virar, para receber o impacto na lateral do corpo. Quase perdi a consciência. Pensamos em cancelar o projeto, mas sou teimoso. Queria fazer direito", conta David.

Assim, eles subiram de novo e, na terceira e na quarta tentativas, acertaram. Em vídeos do último mergulho disponíveis on-line, David pode ser visto dando uma cambalhota limpa e caindo de pé. Quando voltou à superfície, acenou e deu um grande sorriso. Algumas horas depois, teve um colapso. Seu baço fora gravemente lacerado pelo impacto com a água no segundo mergulho. Foi levado às pressas para o hospital, onde uma esplenectomia de emergência salvou sua vida.

No dia seguinte, David acordou na UTI e o cirurgião disse que ele tinha sorte de estar vivo. Sua avó perguntou: "Você agora acabou com esse negócio de mergulho de penhascos, certo?" Foi quando David soube que estava decidido a mergulhar outra vez, que poderia voltar ainda mais forte e melhor. Estava triste por decepcionar a avó, mas animado para trabalhar na recuperação.

Embora o acidente na Suíça não tenha sido uma epifania, deu a David uma motivação para se concentrar no trabalho de desempenho mental que iniciáramos anos antes. Seu principal desafio: deixar de valorizar a reputação e passar a valorizar a identidade. Para isso, precisava descobrir quem ele era.

QUEM É VOCÊ?

Parece uma pergunta simples. Você provavelmente responderá com seu nome e talvez sua profissão (se for adulto) ou onde estuda (se for estudante) e em que ano está na escola. Pode acrescentar um ou dois detalhes sobre sua procedência e informar se é casado ou solteiro. Mas nada disso chega a seu verdadeiro eu: os seres humanos são complexos demais para se resumirem a uma resposta simples a uma pergunta simples. Você não é seu nome, profissão, escola, cidade natal ou gênero. Tudo isso faz parte de você, mas não o define. Você é um conjunto de emoções, pensamentos, experiências, conhecimentos, sabedoria e valores. Muito mais do que uma resposta à pergunta "Quem é você?".

O aprendizado da excelência começa com o desenvolvimento de uma compreensão mais profunda de nós mesmos: como agimos, por que agimos de determinada forma e o que nos motiva. Por isso, o trabalho com alguém que deseja otimizar o desempenho começa com o desenvolvimento de um credo pessoal como base necessária para a construção da excelência. Trata-se de uma breve declaração composta por dez palavras que definem a identidade. Esses "marcadores de identidade" constituem o núcleo daquilo que a pessoa valoriza, aprecia e incorpora; de certa forma, constitui sua razão de viver. Para descobrir isso, formulamos algumas perguntas poderosas. A primeira é a que os profissionais de elite aprendem a *não* se fazer: O que as pessoas pensam de você?

Essa pergunta deixa a mente acelerada, não é? Talvez provoque um pouco de ansiedade. Você provavelmente responderá dizendo "Espero que elas pensem..." e depois uma série de aspectos positivos que, em seu mundo ideal, as pessoas usariam para descrevê-lo. Mas aí você suspira e diz "Mas elas provavelmente pensam..." e depois uma série de aspectos menos positivos que, em seu mundo realista, as pessoas citariam. Você espera avaliações positivas, mas se preocupa com a possibilidade de serem negativas.

Na verdade, você faz mais do que se preocupar. Se for como a maioria dos seres humanos, passa mais tempo se preocupando com o que os outros pensam a seu respeito (reputação) do que com seus próprios valores, motivação e objetivos (identidade). Isso é um problema para os profissionais. Em minha experiência, os que estão pensando na própria reputação – o que dizem os amigos, colegas de trabalho, a mídia, as redes sociais, a concorrência – não se saem tão bem. Quando trabalhamos para redirecionar a atenção da reputação para a identidade, o desempenho melhora. E a posição no espectro reputação *versus* identidade evolui.

Na infância, tudo gira em torno da identidade. Uma criança brincando, correndo, dançando ou mesmo tendo um ataque de raiva não está preocupada com o que os outros pensam dela. Isso não quer dizer que, quando pequenos, sejamos egoístas – na verdade, a bondade e a generosidade são componentes frequentes da identidade. O que acontece é que não nos importamos muito com a opinião alheia. Mas isso logo muda: paramos de brincar, correr e dançar à vontade (a maioria, pelo menos) e começamos a nos preocupar com a reputação. Na adolescência, essa preocupação nos consome, fenômeno ampliado pelas redes sociais. Somos informados o tempo todo sobre o que é o sucesso e o que é a felicidade em vez de desenvolvermos essas percepções por nós mesmos. Já não se trata do que importa para nós, e sim daquilo que importa para *eles*. Nosso desempenho pode ser afetado pela ansiedade: sentimos menos confiança e menos ambição enquanto aquela voz incessante e impertinente na nossa cabeça não quer calar.

A importância que damos à reputação é um motivador extrínseco – obtém seu benefício de algo externo, enquanto os motivadores intrínsecos vêm de dentro. Pesquisas já evidenciaram que os motivadores intrínsecos são mais poderosos que os extrínsecos. Na prática, isso significa que, se nos aprofundarmos em motivadores intrínsecos, como a identidade, poderemos afastar o motivador extrínseco da reputação. É claro que a questão vai além de intrínseco/extrínseco ou identidade/reputação. Mas minha experiência me mostrou que a ansiedade pela reputação pode destruir muitos profissionais, mesmo os que não parecem suscetíveis a ela.

Pete Naschak foi Navy SEAL durante 21 anos, chegando a comandante executivo da Equipe 5, liderando até 500 SEALs, marinheiros e soldados durante sua missão de combate no Iraque. (Ele era o líder sênior em comando, atuando como conselheiro do comandante, treinador principal, perito em táticas e intermediário entre as tropas e suas famílias.) Hoje Pete ainda relembra como a preocupação com a reputação o atrapalhou no início da carreira. "Às vezes, nos treinamentos, eu me concentrava mais em não querer fazer algo errado. Perguntava a mim mesmo o que os outros iriam pensar. Não queria fazer besteiras e prejudicar minha reputação."

A boa notícia é que, quando você se mantém fiel a sua identidade, a reputação se estabelece sozinha. Já vi isso acontecer várias vezes. Um bom profissional, por exemplo, começa a ler comentários on-line e a ser influenciado pelo que seu público ou colegas dizem. A situação começa a desandar. Quando o mesmo profissional aprende a ignorar a reputação e abraçar a identidade, obtém melhores resultados e fica mais feliz. O truque é transformar as preocupações com a reputação em lembretes de identidade. Seja fiel a si mesmo e algo bom acontecerá. Essa atitude requer uma compreensão profunda de si, maior do que a maioria das pessoas tem. Não é difícil desenvolver, mas leva tempo.

O credo pessoal é uma base e um processo para mudar o foco da reputação para a identidade. Desenvolvê-lo não é um exercício rápido; se você acha que uma hora de reflexão basta, esqueça. Reserve algum tempo para observar o que lhe traz energia, alegria, motivação e entusiasmo. Quais são as características ou os atributos que melhor descrevem sua essência? Observe o que importa para você e anote uma ou duas palavras que indiquem o que está no centro dessa emoção. Pode ser algo grande ou pequeno. Se uma boa refeição lhe traz alegria, reserve um momento para refletir sobre o motivo. O sabor é bom, claro, mas deve haver algo mais profundo aí.

Abra a mente para vivenciar esse processo. Você só vai fazer a lista mais tarde, portanto não há problema em ir experimentando. Toby Miller, praticante profissional de snowboarding com quem trabalhei, observa que "quando discutimos a criação de meu credo pessoal pela primeira vez, pensei: vai ser fácil. Sei quem sou. Mas quando comecei a pôr no papel não consegui pensar nem em dez palavras. E todas eram sobre snowboarding. Lembrei que também sou irmão, namorado e filho. Mas a maior lição foi a de que sou um atleta, não apenas um praticante de snowboard. Isso me ajudou a reencontrar velhas paixões". (Toby tinha apenas 22 anos quando disse isso.) Ele acabou desenvolvendo o seguinte credo: *Seja motivado, solidário, compreensivo, curioso, aventureiro, positivo, preciso, humilde e organizado.*

Após desenvolver uma lista de marcadores de identidade, a etapa seguinte é consolidá-la em dez palavras ou menos. Embora esse número seja um tanto arbitrário, o exercício de fazer a lista é valioso por si só, pois o levará a estabelecer prioridades e definir em que irá se aprofundar. Por que isso é um valor para mim? Quais desses marcadores parecem melhores para mim, quais quero duplicar e triplicar? Quais mais me entusiasmam?

Elaborada a lista, peça a algumas pessoas com quem você tem intimidade que escrevam a versão delas de seu credo pessoal. O que elas acham que você valoriza? (Não é uma tarefa que leve semanas – de 30 a 60 minutos de reflexão devem ser suficientes.) Quando as pessoas mostrarem as listas delas, veja o que coincide com a sua e o que é novo. Quando fiz isso com minha mulher e alguns amigos, todos registraram o valor que dou a não ser complacente: não gosto de me acomodar! Também detectaram meu senso de humor, que eu não tinha incluído.

Durante todo o processo, seja franco com você mesmo. Já vi clientes começarem com itens como "vencer a qualquer custo", "ser bilionário", "inquieto" e "insatisfeito", o que talvez não se sintam à vontade para sair falando por aí. Tudo bem: o objetivo do exercício é se olhar no espelho e ver quem você é. Em alguns casos (como "ser bilionário"), você pode investigar os valores subjacentes. Outras pessoas podem estar confortáveis com suas definições: um cliente afirmou que "inquieto" e "insatisfeito" faziam parte de sua essência – e usou esses valores como combustível para melhorar. A autoanálise sempre o ajudará a saber mais sobre si. E seus valores não estão gravados em pedra. Eles evoluem à medida que você envelhece e sua vida muda.

Quando pedi a David Colturi que desenvolvesse seu credo pessoal após o acidente, ele se perguntou o que as pessoas diriam em seu funeral e o que ele queria que dissessem como forma de avaliar o legado que deixaria. Era algo de que se orgulharia? Levou algum tempo e não houve um "momento eureca". Mas gradualmente foi surgindo um autorretrato mais completo, com palavras que não só representavam seu credo como se tornaram os blocos de construção de sua identidade: *altruísta, disciplinado, corajoso, atento, estoico, clareza, caráter, razão de viver, evolução.*

David perdeu o patrocínio da Red Bull quase na mesma época do acidente. Além de abalar suas finanças, foi um golpe em sua identidade. "Precisei me dar conta de que eu era muito mais do que David Colturi, saltador de penhascos da Red Bull. Também sou um ser humano incrível e de valor." Com o passar dos meses, David ficou mais à vontade com ele mesmo – estava em paz. "Comecei a pensar que em primeiro lugar eu era um ser humano e, em segundo, um saltador. Pela primeira vez na minha carreira consegui superar completamente a questão da reputação."

Pensando melhor sobre o que lhe agradava ou não, começou a evitar aquilo de que não gostava. Parece simples, certo? Gosto de sorvete, então tomo. Não gosto de acelga, então evito. Mas e quanto ao convite para a festa do amigo de um amigo que você não conhece bem? Você não quer ir, mas "deve", pois o que as pessoas pensarão se não o virem lá? David já estivera nessa situação diversas vezes, mas, depois que parou de se preocupar tanto com o que os outros pensavam, começou a dizer não com mais frequência. Agora age com base na identidade e não na reputação.

Nada disso foi fácil. "Não se preocupar com a reputação, com o que os outros pensam, é sobre-humano", diz. "Mas a experiência de quase ter morrido me deu uma nova perspectiva. Ganhei muito mais determinação e coragem. Aprender sobre mim deu trabalho. Parei de concentrar minha energia em alvos errados. Foi uma mudança de vida." O acidente foi um catalisador que deu a David a oportunidade de desestruturar, explorar e aprimorar suas abordagens mentais. Ele emergiu como alguém com uma bondade contagiante e uma disciplina impressionante: calmo, equilibrado e ancorado na própria identidade. Seu automatismo agora é muito maior. Ele já está de volta ao topo dos penhascos de 27 metros, pensando menos e mergulhando melhor.

Eu me reporto ao meu credo pessoal com tanta frequência que posso recitá-lo sem pensar: *Maravilhe-se, seja curioso, seja humilde, seja conectado, seja leal, escute, ria.* Eu o utilizo para orientar todas as decisões importantes e aconselho meus clientes a fazer o mesmo.

Blaine Vess é um empresário e investidor com quem comecei a trabalhar em 2020. Em 1999 ele fundou com um amigo a Student Brands. Na época, Blaine era calouro na faculdade e criou a empresa como uma forma de compartilhar anotações de cursos e pesquisas on-line. Seus pais diziam que a vida nem sempre é divertida, mas, quando ele e seus colegas se formaram na faculdade e se mudaram para uma casa em Los Angeles, se divertiram muito. Eles também trabalharam duro e perseveraram em muitos altos e baixos antes de venderem a empresa para a Barnes & Noble Education em 2017.

Blaine e eu trabalhamos juntos em assuntos como definição de metas e compartimentalização, porém o mais importante para ele foi o processo de desenvolvimento do credo (*liberdade, paciência, autenticidade, diversão, empreendedorismo, mindset vencedor, retribuição, autoconhecimento, comu-*

nidade, humildade). "Meu credo é longo", diz. "De todos os atributos, o que mais se destaca é a diversão. Em tudo que faço, me esforço para pensar grande, mas depois penso que devo ir mais devagar e me divertir." Agora ele usa seu credo para orientar sua estratégia enquanto investe em dezenas de startups.

Ted Brown é outro bom exemplo. Ele é produtor e presidente da Lockton Denver, uma grande empresa de gerenciamento de riscos e benefícios para funcionários. Está no topo, com um desempenho de destaque global e relacionamentos valiosos com dezenas de clientes empresariais, mas continua sendo um dos principais corretores da empresa e diz que gosta de "sair para conquistar novos negócios".

Comecei a trabalhar com Ted em 2018, quando ele já era muito bem-sucedido. Sua área no setor de seguros é supercompetitiva, pois a reputação conta mais que na maioria dos empregos. Quando as empresas colocam suas reputações nas mãos de alguém é porque confiam e acreditam nessa pessoa em um nível muito profundo. Mas, mesmo nesse ambiente em que a reputação conta muito, Ted precisa parar de se preocupar com isso para poder dar o melhor de si. Assim, ele e eu trabalhamos para mudar o foco da empresa – de reputação para identidade.

Após meses de discussão, Ted desenvolveu seu credo: *família, coragem, líder servidor, equipe, autenticidade, competição, sacrifício, desempenho* e *amor*. Esses marcadores de identidade se tornaram seu foco diário e a lente pela qual começou a ver tudo, tanto na Lockton quanto em casa. Os resultados foram impressionantes. A taxa média composta de crescimento anual da Lockton é de 12%; Ted alcançou 36% depois que começamos a trabalhar juntos. "Finalmente comecei a me concentrar no que de fato é importante para mim e a não me preocupar com minha reputação", lembra ele. Em seguida, ri e diz: "Minha reputação hoje provavelmente está melhor do que nunca!"

Ancorar-se em um credo de valores bem concebido pode ser mais que apenas uma base para a prática do desempenho mental: pode ser fundamental para a vida. Andy Walshe passou quase nove anos dirigindo o programa de alto rendimento da Red Bull e trabalhou com centenas de atletas e artistas de elite. Descobriu um aspecto interessante na importância de os profissionais terem um credo pessoal: "Você precisa de um significado e um propósito na vida para se destacar", explica ele. "Se você vive só para se tornar o melhor do mundo, ficará aquém do que pode alcançar quando chegar lá. Se você é apenas o que faz, está se preparando para se dar mal. Em algum momento, não será o número um. O alto rendimento é extraordinário, mas, para a maioria das pessoas, constitui apenas uma fase da vida. Não se pode estar no topo para sempre. Queremos levar nossos clientes ao primeiro lugar, mas também queremos ajudá-los com o que vier em seguida. Fazemos isso trazendo de volta a conexão com outros valores humanos e criando uma pessoa melhor: humana, companheira, participante de uma comunidade".

Seu credo reflete e codifica quem você é. Criá-lo e observá-lo ajuda a promover a conexão mencionada por Andy. É poderoso, pois há algo revigorante em se conhecer e agir como você mesmo. Podemos contar sempre com a identidade. Com a reputação, não.

QUAIS SÃO SUAS METAS?

Carli Lloyd tinha 9 anos e estava a caminho de um acampamento de futebol quando fez uma lista – registrada em um caderno e descoberta quando ela já era adulta em uma caixa no sótão – que incluía o que queria aprender naquela experiência. Não foi algo isolado, muito pelo contrário. A pequena Carli era a rainha das listas. Também fez uma dizendo que, quando crescesse, queria ser rica, famosa e veloz. A lista não incluía ser um dos pilares da equipe de futebol feminino dos Estados Unidos que ganhou duas Copas do Mundo da FIFA (2015, 2019) e duas medalhas de ouro olímpicas (2008, 2012) nem ser eleita a jogadora do ano pela FIFA (2015, 2016). Se assim fosse, ela teria ticado todos os itens.

Seria um exagero dizer que o enorme sucesso de Carli foi resultado de sua propensão para criar listas, mas "estabelecer metas e escrevê-las é uma grande parte de como cheguei onde estou hoje" diz ela. "Esse processo nunca mudou. Ainda escrevo metas gerais: quero aprender tais jogadas, quero fazer aquilo nos treinos." As metas não são relacionadas apenas ao futebol. "Também faço metas para a vida. Países que quero visitar. Citações e trechos de livros. O que quero aprender. Sempre há algo para aprender."

Definir uma meta é um bom começo, mas há três etapas adicionais no processo que aumentam as chances de sucesso:

- Escreva a meta.
- Comprometa-se publicamente (revelando a meta para outras pessoas).
- Crie um plano de acompanhamento.

Escrever a meta é um grande passo, pois essa presença física cria imediatamente uma responsabilidade e você precisa fazê-la acontecer. Revelar a meta para outras pessoas – amigos, colegas, familiares – aumenta essa responsabilidade. E ter um plano para acompanhar seus progressos é questão de bom senso. Um estudo de 2015 conduzido pela psicóloga Gail Matthews corrobora essa hierarquia de definição de metas: as pessoas que apenas pensaram em suas metas as alcançaram (ou tomaram o caminho certo para o sucesso) em 43% das vezes; escrever as metas aumentou essa taxa para 62%; e revelar as metas e as atualizações regulares dos progressos fez o número subir para 76%.

(De acordo com um conhecido estudo com formandos da Universidade Yale de 1953, apenas 3% deles tinham metas escritas ao se formar. Vinte anos depois, esses 3% haviam acumulado mais riquezas do que os outros 97%. O estudo foi ensinado durante anos em programas de pós-graduação na área de psicologia, inclusive no meu, como um exemplo do poder da definição de metas. Em 1996, um artigo da revista *Fast Company* revelou que a pesquisa era um mito, jamais aconteceu. Isso inspirou Matthews a realizar seu próprio estudo, que corroborou muito da lenda de Yale. Exceto no quesito riqueza.)

Criar um credo contribui para ancorar um profissional. A definição e a redação de metas o ajudam a se tornar excelente. Peço aos meus clientes que façam isso em seis aspectos de suas vidas: carreira, relacionamentos, saúde, espiritualidade, hobbies e legado. O comando que uso: daqui a um, três ou seis meses, o que você quer ver realizado em cada área?

Estabeleça metas específicas, fáceis de entender e de medir. Quando definem uma boa meta, os Navy SEALs empregam a palavra SMART (inteligente), acrônimo em inglês para específica, mensurável (você saberá quando a alcançou), alcançável (é possível chegar lá), relevante (é importante) e tem prazo para ser atingida (*timebound*). Portanto, "Vou melhorar minha forma física" não é uma meta SMART, mas "Serei capaz de correr 10 quilômetros em menos de uma hora até dezembro para me preparar para a liga de basquete de inverno" é.

As metas orientadas para o processo são, no mínimo, tão valiosas e eficazes quanto as voltadas para o resultado. Não há problema em definir um resultado ambicioso como meta, mas para cada meta de resultado ("ser vice-presidente da empresa até os 35 anos" ou "correr uma maratona em menos de quatro horas") é uma boa ideia estabelecer uma meta de processo ("passar uma hora por dia estudando o negócio" ou "alternar corridas de curta e longa distância e treinar com pesos uma vez por semana"). Os amadores se concentram no resultado; já os profissionais se concentram no processo. (Mais sobre isso no Capítulo 5.)

Assim como a definição de um credo pessoal, o desenvolvimento de metas significativas em seis aspectos da vida deve ser um processo ponderado e rediscutido. Não se limite a anotar algo rapidamente para eliminar o último item de sua lista de tarefas antes de terminar o trabalho em uma terça-feira qualquer. Reserve um horário, escreva as metas, deixe-as de lado por algum tempo e depois volte a elas.

Lembre-se de que as metas mais viáveis são intrínsecas, não extrínsecas. As pessoas são muito mais motivadas para atingir as metas baseadas em seus valores (intrínsecas) do que as baseadas no que as outras pessoas pensam (extrínsecas). A meta não é conseguir um monte de curtidas em um vídeo no YouTube ou em uma publicação no Instagram; é gostar do que estava fazendo quando fez o vídeo ou a foto. (Eu sei, é loucura.) Carli Lloyd, de 9 anos, não estabeleceu a meta de aprender um movimento específico no acampamento de futebol porque alguém disse que era importante ou por achar que suas colegas ficariam impressionadas. Era o que *ela* desejava.

Para garantir que uma meta seja intrínseca, pergunte por que é uma meta. Se é perder 5 quilos, por quê? É porque alguém disse que você parece fora de forma (extrínseca) ou porque você quer se sentir melhor e mais saudável (intrínseca)? Avalie por que cada meta que você criar é importante. Esse simples processo de investigação produzirá metas bastante significativas.

A frase "Para ter uma boa ideia tenha um monte de ideias" é atribuída a Thomas Edison. (Mas também ao ganhador do prêmio Nobel Linus Pauling, que poderia ter acrescentado: "Para fazer uma boa citação diga o mesmo que Thomas Edison.") Mas isso não se aplica às metas. Mais vale ter algumas boas do que muitas medíocres. Uma por área já é bom para começar. Você sempre pode acrescentar outras, e manter a simplicidade contribui para que seus recursos sejam mais bem direcionados. No entanto, atingir essas metas não deve ser tão fácil quanto ligar e desligar um interruptor de luz (facilidade que foi uma das ideias de Edison). A excelência não é fácil. Boas metas devem ser realistas, mas desafiadoras.

Em minha experiência, é no aspecto espiritual que as pessoas têm mais dificuldade de estabelecer metas. Quando falo em espiritualidade, não me limito a uma religião nem a estar mais próximo de uma divindade ou doutrina; trata-se de entrar em contato com sua humanidade. Mas o que significa ser humano? Ter sentimentos? O que você é além do corpo físico? Grandes perguntas! Você pode optar por incluir Deus e alguma religião como parte das respostas e das metas – comprometendo-se a frequentar cerimônias religiosas, por exemplo. Mas as metas espirituais também podem incluir meditação, atenção plena ou ioga (que é meditação e atenção plena de ponta-cabeça). A espiritualidade está embutida nessas práticas.

Dar espaço a si mesmo para perguntar e refletir sobre sua espiritualidade pode ser um objetivo em si. Muitos profissionais com quem trabalhei são jovens e destemidos. Nunca dedicaram tempo a investigar de fato sua humanidade e espiritualidade. Muitas pessoas incluem a meditação e "estar mais presente" como metas, o que é ótimo, mas lembre-se de perguntar por quê. Se são suas metas porque são as de muitas pessoas, é melhor começar de novo.

Toby Miller, o snowboarder profissional, parece Carli Lloyd quando fala sobre suas práticas de definição de metas. "Desde muito jovem escrevo todas as metas gerais e as manobras que quero aprender. Recentemente encontrei uma lista que fiz aos 10 anos! Esse processo não mudou. Escrevo metas específicas para cada situação. Levo a lista comigo. Se estou num dia ruim, uso minhas metas para transformá-lo em um dia bom. Sempre há algo que posso aprender."

QUAL É O SEU MOTOR?

Em março de 2009, a equipe do New York Yankees me convidou para ir ao campo de treinamento deles em Tampa, na Flórida, e falar aos jogadores, técnicos e funcionários sobre as características mentais e as práticas dos atletas de elite. Quando entrei na sede dos Yankees, algumas horas antes de um jogo, fiquei surpreso ao ver não apenas o elenco atual (incluindo as superestrelas Derek Jeter e Alex Rodriguez), mas também muitos ídolos dos Yankees do passado, como Reggie Jackson, Goose Gossage e Yogi Berra. Como sou fã de beisebol, sabia que estava cercado pela realeza do esporte. Meio nervoso, comecei minha palestra. Isso se passou poucos anos depois que minha equipe e eu desenvolvemos o primeiro currículo de força mental para os Navy SEALs.

Falei sobre o assunto. Quando estava indo embora Yogi Berra me disse: "Ótima palestra, doutor, adorei. Mas posso acrescentar algo?"

Yogi Berra fora o receptor dos Yankees de 1946 a 1963, ganhara dez campeonatos mundiais, três prêmios de Jogador Mais Valioso e participara de 18 All-Star Games (jogos dos melhores da liga) durante esse período. Depois foi treinador e gerente na liga principal, funções em que também teve muitos anos de sucesso. O personagem de desenho animado Yogi Bear (Zé Colmeia) foi inspirado nele. Em 1972 entrou para o Hall da Fama do Beisebol. Ele, de fato, teria o que acrescentar. Costumava dizer: "Quando vir uma bifurcação na estrada, entre nela." Acatei o conselho e disse que ficaria honrado em ouvir o que ele tinha a dizer.[1]

Ele foi curto e agradável. Disse-me que jogara e treinara muitos grandes jogadores e que todos tinham uma motivação. Ele chamava isso de "motor". Tinha visto muitas motivações, sendo que as predominantes eram não perder e ganhar (que não são a mesma coisa). Mas, além dessas, cada jogador tinha sempre algo mais que o motivava.

Aquelas palavras tiveram sobre mim um efeito imediato. Embora já tivesse prestado atenção na motivação em meu trabalho até então, achei sua convicção sobre esse tópico bastante impactante. Passei a me aprofundar nos fatores motivacionais de meus clientes. Anos depois, deparei com algumas citações de Yogi que me levaram de volta àquele dia no campo dos Yankees. "Perder é uma grande motivação", disse o homem que, na maioria das vezes, evitou isso. E: "Se você não sabe para onde está indo, talvez não chegue lá."

Para ajudar a chegar lá, uma pergunta melhor do que "Qual é a sua motivação?" poderia ser "Qual é o seu motor?". Aprender a ser excelente tem tudo a ver com esse motor e com que o alimenta. Qual é o seu motor? Dinheiro? Fama? Reconhecimento? Sucesso? Ganhar? Não perder? Vaidade? Amor? Ódio? Se sua resposta a essa pergunta for simples (dinheiro, fama, status), faça a si mesmo outra pergunta: Por quê? Por que me importo com dinheiro ou fama? Por que isso significa tanto para mim? Muitas vezes, há motivações mais profundas em jogo, e é útil entendê-las.

Existe uma diferença sutil entre motivação (seu motor) e valores (seu credo). O motor é o que o motiva; o credo é aquilo a que você dá importância em sua essência. Por exemplo, alguém que cresceu em meio à insegurança financeira pode ser motivado pelo dinheiro e pela segurança. Pessoas que valorizam a ambição são motivadas pelo sucesso e suas armadilhas. A competitividade, como valor, está relacionada à vitória, como motivação. Quando começo a trabalhar com clientes, peço que pensem em seu credo, o que requer reflexão e muitas vezes é uma experiência esclarecedora. Esse processo pode envolver a observação das motivações, que geralmente são mais óbvias, e a análise da conexão entre elas e os valores. O desempenho ideal acontece quando motivações e valores estão alinhados: o que impulsiona aquela pessoa está baseado em seus valores essenciais. Mas nem sempre é o caso. Às vezes descobrimos que nossas motivações não estão alinhadas com nossos valores. Nosso desejo de ter um carro novo ou receber uma promoção pode estar relacionado a fatores externos, não internos. Quando isso acontece, as pessoas costumam repensar seu motor.

QUAL FOI SUA EXPERIÊNCIA MAIS DIFÍCIL?

Em 2000 fui chamado a dar um depoimento como especialista num caso forense. Estava nervoso com a possibilidade de ouvir perguntas difíceis do advogado da parte contrária. Como responderia se me fizessem perguntas como: "Na sua opinião profissional, é provável que essa pessoa se comporte de tal maneira no futuro?" Como poderia apresentar uma opinião profissional sobre a probabilidade de um determinado comportamento futuro?

Conversei com meu amigo e mentor, Dr. Bill Perry, sobre minhas dúvidas. Bill é meu mentor desde que nos conhecemos, em 1994. Renomado neuropsicólogo clínico, orientou minha tese de doutorado e tem contribuído de modo inestimável para meu desenvolvimento profissional. Ele encerrou aquele dia com uma pérola de sabedoria da qual me lembro com frequência: "O melhor indicador do comportamento futuro é o comportamento passado. Se lhe perguntarem se uma pessoa fará algo no futuro, a melhor resposta é perguntar se ela já fez aquilo antes." As pessoas podem mudar, e de fato mudam, mas aquele era um conselho sábio, fundamentado em um extenso conjunto de pesquisas.[2]

Em grande parte, excelência tem a ver com bom desempenho sob estresse: uma entrevista de emprego, um discurso, uma grande reunião, uma boa apresentação. Seu desempenho sob estresse, nestes tempos de desafios e controvérsias, faz parte de quem você é. Por isso, em minha primeira sessão com alguém, sempre pergunto: Qual foi sua experiência mais difícil? Uma pergunta que pode ser tanto provocativa quanto emocional. Entre as respostas que já ouvi estão a morte de um ente querido, divórcio ou rompimento, reprovação em um exame ou curso, falência, rejeição, derrota num jogo importante, acidente e demissão. Não existe uma resposta exata; todos já passamos por situações que nos testaram intensamente.

Em seguida, faço a pergunta mais importante: Como você se saiu nessa situação? A resposta se mostra reveladora porque é provável que alguém sempre aplique as táticas e estratégias que usou numa situação difícil anterior à situação difícil seguinte. Sua resposta pode ter sido saudável (usou seu dom inato de enfrentamento, conversou sobre a situação com amigos ou familiares, procurou sistemas de apoio na comunidade), não saudável (abusou do álcool ou de outras substâncias, tornou-se agressivo, teve sentimento de culpa, se isolou), simplesmente humana (surtou, começou a chorar ou gritar) ou uma mistura das três. Relembre o evento, o que você sentiu e como se comportou. Se achar útil, escreva tudo, deixe o material de lado por algum tempo e depois reveja e repita o que registrou. Lembre: não existe uma resposta certa exceto ser franco consigo mesmo.

Recordar como você lidou com as situações – lutou, fugiu ou ficou paralisado – dá uma boa pista do que acontecerá da próxima vez que o nervosismo aumentar. Não importa se você já consegue permanecer calmo sob pressão ou se fica ofegante diante do menor estresse. Entender a base de seu comportamento estabelece uma plataforma sobre a qual você poderá construir e crescer. O caráter é revelado pela versatilidade. (Martin Luther King Jr.: "A medida definitiva de um homem não é sua posição em momentos de conforto e conveniência, mas sua posição em momentos de desafio e discordância.") Fazer a pergunta mais difícil é como segurar um espelho para revelar às pessoas um padrão de comportamento que elas talvez não reconheçam. Pode ser algo poderoso e esclarecedor.

Adversidades fazem parte da vida, independentemente de idade, profissão, status familiar ou qualquer outra condição. Problemas acontecem e se repetem. Os melhores profissionais não têm nenhum segredo para evitá-los nem estão programados desde o nascimento para manter a calma. Aprendem qual é sua resposta-padrão e trabalham para melhorá-la (falaremos mais sobre isso nos capítulos seguintes).

POR QUE VOCÊ ESTÁ NO PRÉDIO

Você pode usar as perguntas que apresento neste capítulo para entender quem é, com que se importa, como administra a pressão e o que deseja alcançar. Quando algo dá errado ou os desafios parecem muito assustadores, é fácil desmoronar. Os profissionais que dedicaram tempo e energia, tanto espiritual quanto intelectual, a aprender sobre si mesmos são os que têm força para perseverar. Sabem intrinsecamente quem são, o que estão fazendo, por que estão fazendo e jamais precisam questionar isso.

Quando Erik Spoelstra me enviou um e-mail, em maio de 2016, ele já era um treinador extremamente bem-sucedido da NBA. Contratado pelo Miami Heat em 2008 como um dos mais jovens técnicos da história da liga, Erik levou a equipe a quatro participações consecutivas nas finais (2011-14), conquistando os títulos de 2012 e 2013. "Quando me tornei o treinador principal, eu era muito voltado para resultados, o que provocava muita pressão e ansiedade", diz Erik. "Mas, depois que contratamos os três grandes (as superestrelas LeBron James, Chris Bosh e Dwyane Wade, que se juntaram ao Heat em 2010), os resultados passaram a ser mais importantes que nunca."

Os resultados de Erik foram muito bons. Mesmo assim, depois de quatro anos nas finais, ele estava exausto. "Eu me sentia vazio, perdido. Passei seis semanas longe da equipe para pensar. Decidi encontrar um propósito mais profundo no trabalho." Erik precisava recuperar sua identidade, de modo a orientar sua equipe e seu clube para também encontrarem a deles. Ele queria liderar com valores fundamentais, como trabalho em equipe, confiança, vulnerabilidade e responsabilidade. O fato de essa necessidade não ser provocada pela pressão do fracasso, mas sim do sucesso, não tinha importância. Era uma necessidade muito real, e foi parte do que levou Erik a me procurar.

Num e-mail, Erik perguntou se poderíamos nos encontrar durante uma viagem que faria a San Diego. Algumas semanas depois, nós nos sentamos para almoçar em um dos meus cafés favoritos em Coronado. Ele me disse que queria continuar aprendendo para expor seus jogadores ao maior número possível de táticas mentais. Pesquisara o trabalho que eu e outros fizéramos sobre treinamento de resistência mental, inclusive meu programa no BUD/S, e queria saber mais. Passamos algumas horas esboçando como incorporar o desempenho mental à equipe e à cultura organizacional. Depois ele me ofereceu um contrato de consultoria e me convidou para conhecer o campo de treinamento do Heat. No dia seguinte, recebi uma mensagem dele: *Almoço interessantíssimo. Águas inexploradas. Estou muito intrigado e quero ajudar nossos jogadores de um modo mais poderoso.*

Alguns meses depois, Andrea e eu chegamos ao campo de treinos do Heat nas Bahamas. Durante a semana seguinte, trabalhei com a equipe técnica e todos os jogadores. Fiz apresentações sobre desempenho mental, criei perfis, me reuni com cada jogador e assisti aos treinos. Os jogadores, liderados por Erik, estavam ansiosos para aprender o que pudessem para se aperfeiçoarem mentalmente. Ele não tinha me contratado somente para ajudar a equipe a vencer, mas também para desenvolver uma cultura de excelência, missão que iniciara após a derrota nas finais de 2014. "Tenho uma grande responsabilidade e muito orgulho de ser o zelador dessa cultura", diz

Erik. "Estamos competindo por um título e o importante é a vitória. Nem é preciso dizer. Mas isso não basta."

Erik entende que o mais importante são os valores e a cultura da equipe. "Toda vez que entro no prédio, sei por que estou aqui. Se você se afastar de seu processo e de seus valores, estará perdido."

DISCIPLINA MENTAL
PLANO DE AÇÃO – VALORES E METAS

PARA CONHECER A SI MESMO E SABER POR QUE ESTÁ NO JOGO, ESCREVA UM CREDO PESSOAL QUE REÚNA SEUS VALORES FUNDAMENTAIS.

Desenvolva metas de longo prazo (um, três e seis meses) em seis aspectos de sua vida.

Descubra qual é o seu motor, qual é a sua paixão e pesquise para entender a relação entre suas motivações e seus valores.

Entenda a sua resposta ao estresse recordando sua experiência mais difícil e como lidou com ela.

CAPÍTULO 4

Mindset

O que posso aprender com isso? Cada revés, fracasso ou rejeição rende respostas diferentes para a pergunta.

– Katy Stanfill, ex-oficial e piloto da Marinha

Katy Stanfill é uma vitoriosa. Estudou na Academia Naval dos Estados Unidos, onde foi boa aluna e jogou no time de futebol. Após a formatura, conseguiu uma vaga na Escola de Treinamento em Aviação (também conhecida como escola de voo), na cidade de Pensacola, Flórida. Mesmo assim, sempre foi, em suas próprias palavras, "um pouco tímida – a assertividade foi algo que precisei aprender". No entanto, por trás de seu sólido histórico de excelência, havia uma paradoxal falta de confiança. "As façanhas eram minha motivação. Descobri que podia me apoiar mais na competição do que na autoconfiança."

Autoconfiante ou não, o mindset de Katy estava funcionando. Na escola de aviação, ela se especializou em helicópteros e, quando chegou a hora de escolher o modelo que iria pilotar ao concluir o treinamento, optou pelo mais antigo da frota da Marinha, o CH-46 Sea Knight, dos tempos da Guerra do Vietnã. Usado para missões de abastecimento e resgate, o CH-46 era um "batedor de ovos" com dois rotores na parte superior, mas nenhum na cauda. Aquele que muitos de nós já vimos em filmes.

Por que escolher um modelo tão ultrapassado? Talvez pela atração de Katy por desafios e conquistas. "Os pilotos de jato tinham as melhores notas, mas eu não. Escolher esse helicóptero foi optar por não depender da tecnologia e querer ser uma boa piloto. Sempre tive um profundo desejo de demonstrar meu valor. Eu era o azarão, uma mulher em um mundo masculino, uma líder discreta. Mas era muito determinada, quase rígida. Pensava: Vou fazer isso. Gosto de desafios, gosto de como me sinto no outro lado."

Na escola de pilotagem, Katy teve que concluir com sucesso o "teste do mergulho", no qual, junto com a tripulação, foi amarrada à cabine de um helicóptero arremessado em uma enorme piscina. O helicóptero virava de ponta-cabeça – pois helicópteros são mais pesados na parte de cima e tendem a capotar na água. Vale lembrar que todos estavam de óculos escuros, para simular condições noturnas. Fazer o exercício durante o dia seria fácil demais. "Muitas pessoas entram em pânico", explica Katy. Não ela.

(Neste momento você deve estar pensando que isso é horrível. E é. Em meados da década de 1990, fiz o teste do mergulho como parte de meu treinamento contínuo. Fiquei apavorado. Já é bastante desorientador ser amarrado dentro de uma cabine de helicóptero ao lado de outras pessoas, depois mergulhado e virado. Mas adicione os óculos escuros e tudo fica realmente assustador. Você tem que sair às cegas, junto com outros membros da tripulação, e sem perder a calma. Há mergulhadores na piscina, a apenas alguns metros de distância, prontos para salvar quem precisar, mas na hora ninguém lembra disso. Eu consegui superar a situação e, depois, meus voos em aeronaves como F/A-18, S-3 e EA-6 foram relativamente fáceis.)

Após a escola de aviação, Katy concluiu o treinamento da SERE (mais tarde, ela se tornou instrutora na SERE, e foi quando nos conhecemos). Assim, quando partiu para sua primeira incumbência, estava preparada para lidar com o estresse. Qualquer pessoa que tenha passado pelo teste do mergulho e pela escola da SERE foi submetida às situações mais estressantes possíveis, e Katy as enfrentou com sucesso. Não que fosse imune ao estresse, mas dispunha de ferramentas para gerenciá-lo. Estava preparada para qualquer eventualidade.

Entretanto, não começou bem. Ela estava no mar, realizando sua primeira missão real de reabastecimento envolvendo a movimentação de carga entre dois navios por meio de um helicóptero. Quando desceu em direção a um navio da Marinha transportando uma carga pesada, os controles de voo subitamente pararam de responder. Era uma situação muito perigosa, com o helicóptero e as pessoas no convés a segundos de um possível desastre.

Mas seu tripulante desengatou a carga enquanto o helicóptero sobrevoava o navio, de modo que não houve nenhum dano, exceto a sua crença em si mesma.

"Minha confiança foi abalada", diz ela. Quando retornou ao porta-aviões para pousar, ela não conseguia pilotar o helicóptero perto da plataforma de pouso. Teve de passar o controle para o copiloto, que aterrissou com sucesso. O equipamento foi verificado: tudo estava funcionando bem. Quaisquer problemas que a tripulação tivesse enfrentado se deviam, provavelmente, a um erro do piloto.

"O defeito estava aqui em cima", diz Katy, batendo na têmpora. "Fiquei muito envergonhada. Tinha passado anos me preparando para aquilo! Mesmo assim, não consegui fazer o helicóptero se aproximar o suficiente para pousar." Ela para e se pergunta: "O que me ajudou a superar isso?"

Katy tinha chegado a esse ponto por ser uma profissional focada em resultados. O que só funcionara porque os resultados vinham sendo favoráveis. Mas fracassara de forma perigosa e pública. Quando fez uma nova tentativa, só conseguia pensar no fracasso. Depositar uma carga no convés de um porta-aviões que está oscilando é difícil, e Katy se sentiu insegura.

Ela precisaria mudar seu mindset. Em vez de se concentrar na tarefa e no resultado (fracasso... vergonha), trabalhou para redirecionar seu pensamento. Seu foco: o processo de pilotar o helicóptero e toda a preparação antes e depois do voo. "Apenas continue fazendo isso, você vai melhorar, você vai chegar lá", lembra-se de ter dito a si mesma. Deu tudo certo. Ela acabou sendo bem-sucedida em uma carreira militar que lhe exigiu depositar cargas em muitos navios.

Ter o mindset certo é a base sobre a qual são construídos todos os aspectos do aprendizado da excelência. É o sistema operacional do software mental que diferencia os melhores profissionais dos demais. Katy só começou a trilhar o caminho para o sucesso quando mudou de mindset. "Aprendi a curtir a montanha-russa ao longo do caminho. Agora, quando algo dá errado, sempre me pergunto: o que posso aprender com isso? A capacidade de fazer essa pergunta e de suportar a dor da rejeição ou do revés nos permite crescer. Cada contratempo, fracasso ou rejeição produziu respostas diferentes."

Isso se aplica a todos os profissionais de alto rendimento que entrevistei ou com quem trabalhei. Em algum momento de suas vidas, eles absorveram lições que os ajudaram a mudar de mindset – de tal forma que todos exibem um conjunto de características consistente e marcante. Os profissionais de melhor desempenho não são complacentes ("A complacência é o inimigo"). Constantemente procuram se aprimorar. São humildes. Tenazes. Tentam fazer parte de algo maior que eles mesmos. São movidos pelo próprio potencial e nunca olham para trás arrependidos pelo que não fizeram. Podem gostar de conquistas materiais, mas não é isso que os motiva; estão mais interessados em realizar uma missão ou uma visão. São esses os traços de um mindset de alto rendimento, os traços que Katy, dona de um notável histórico de sucesso, precisou desenvolver.

O QUE É MINDSET?

O termo "mindset" (mentalidade) é relativamente moderno. Antes de meados da década de 1970, raramente aparecia em livros. Seu uso aumentou mais de mil vezes desde então.[1] Da mesma forma, sua incidência nas pesquisas do Google cresceu mais de dez vezes a partir de 2004, sem dúvida impulsionada pela publicação, em 2006, do livro *Mindset: A nova psicologia do sucesso*, de Carol Dweck.[2] "Mindset", portanto, passou de palavra obscura a um termo comum nas duas últimas décadas. Hoje todos a ouvimos e falamos com frequência. Mas o que significa?

Não há uma definição formal de mindset no dicionário da Associação Americana de Psicologia, mas existe uma para a palavra alemã *Bewußtseinslage*, cuja conotação é "experiências ou atividades mentais que não podem ser prontamente analisadas em uma cadeia de associações baseadas em imagens ou sensações". O termo foi cunhado por um grupo de psicólogos alemães no início do século XX. Eles descobriram que o envolvimento intenso em determinada tarefa ativa os "procedimentos cognitivos" necessários para concluí-la. Eles chamaram esse fenômeno de *Bewußtseinslage* (tradução literal: estado de consciência; ou o que é alcançado quando se ouve *The Dark Side of the Moon*, do Pink Floyd, à noite, sob as estrelas, usando ótimos fones de ouvido). Eles associaram um *Bewußtseinslage* mais alto a um melhor desempenho e, portanto, foram os primeiros psicólogos a postular que o modo como uma pessoa aborda uma tarefa mentalmente

– seu mindset, no vocabulário atual – ativa procedimentos cognitivos que geram melhores resultados.³

Mais recentemente, psicólogos que não conseguiam pronunciar *Bewußtseinslage* (ou que não tinham a letra ß em seus teclados) começaram a usar a palavra *mindset* e criaram descrições um pouco mais inteligíveis que as de seus antecessores alemães. Na definição de Carol Dweck, professora de Stanford, trata-se de "uma estrutura ou lente mental que organiza e codifica informações de forma seletiva, orientando o indivíduo para um modo único de entender determinada experiência e direcionando-o para as ações e respostas correspondentes". De acordo com Dweck, ter um mindset é necessário em um mundo de informações complexas e muitas vezes conflitantes. É um "sistema de simplificação" que nos ajuda a organizar o mundo e a lhe dar sentido.⁴

Tudo bem, talvez não seja tão simples assim. Outra psicóloga de Stanford, Alia Crum, foi um pouco mais específica ao definir mindset como "suposições fundamentais que temos sobre domínios ou categorias de coisas que nos orientam para um conjunto específico de expectativas, explicações e metas... Os mindsets são formas de ver a realidade que moldam o que esperamos, o que entendemos e o que queremos fazer".⁵

Ou vamos à minha definição: mindset é o modo como uma pessoa se prepara para enfrentar cada situação.

Independentemente da definição exata, os psicólogos costumam concordar em um ponto: o mindset é poderoso. Sabemos, com base em anos de pesquisa médica, que as crenças da mente afetam o corpo. É o chamado efeito placebo: um resultado positivo resultante da crença de que um tratamento benéfico foi recebido, tenha sido de fato ou não. Eis por que as pesquisas médicas sempre testam o desempenho de um medicamento ou de um tratamento em comparação com o desempenho de outro medicamento ou tratamento falso (o placebo). Trata-se do único modo de garantir que o efeito não seja fruto da crença do paciente nele.

Amplas evidências sugerem/demonstram que o efeito placebo também se aplica ao desempenho. Algumas pesquisas analisaram o efeito da administração de placebos a competidores em esportes que iam de ciclismo a levantamento de peso. Nessas pesquisas, os atletas foram informados de que estavam recebendo um "auxílio ergogênico", termo sofisticado para um comprimido que supostamente ajudaria a melhorar o desempenho (como os esteroides). Em todas, com exceção de uma, os atletas apresentaram um aumento de desempenho estatisticamente significativo. Alguns melhoraram o desempenho em até 50%, mas a maioria ficou entre 1% e 5%. O suficiente para fazer diferença em qualquer competição de alto nível.

O relatório da pesquisa termina com a afirmativa de que "a conclusão lógica de qualquer estudo em que um atleta apresente um desempenho de nível superior como resultado de um tratamento simulado é que há um potencial psicológico inexplorado nesse atleta. Quaisquer que sejam os mecanismos subjacentes aos efeitos placebo nos esportes, os cientistas esportivos precisam investigar mais a fundo o potencial desses efeitos para melhorar o desempenho".[6] Se um placebo pode acrescentar pelo menos alguns pontos percentuais de vantagem, talvez as técnicas de desempenho mental também possam.

As superstições, uma forma de placebo popular entre atletas e outros profissionais, têm efeitos positivos semelhantes. Um estudo publicado em 2010 revelou que os participantes de uma série de competições (entre elas golfe, jogo da memória e quebra-cabeça) que usaram algum tipo de amuleto da sorte, como alguma joia ou peça de roupa, tiveram um desempenho melhor que o grupo de controle – composto por pessoas não supersticiosas. Indo mais a fundo, os psicólogos descobriram que um dos fatores determinantes para esse melhor desempenho é a "persistência na tarefa". As pessoas fortalecidas por uma crença supersticiosa têm mais confiança de que serão bem-sucedidas e, portanto, quando enfrentam desafios, persistem mais. Se você tem uma moeda da sorte no bolso, por que pararia de tentar?[7]

Esses efeitos placebo significam que nossas crenças afetam nosso desempenho. Se acreditarmos que ingerindo determinada pílula teremos um desempenho melhor, isso acontecerá, independentemente do conteúdo da pílula. Se acreditarmos que algum objeto ou enunciado nos ajudará a ter um desempenho melhor, será assim. Esses truques nos ajudam a explorar um potencial, mas não são necessariamente truques. O mindset é uma escolha.

A maioria das pessoas acorda todos os dias com o mindset que sempre teve. Ele evoluiu a partir de experiências, ambiente, personalidade, demografia, intelecto, educação, genética e outros fatores. Não é algo que tenham escolhido e moldado intencionalmente; pelo contrário, é o que lhes foi concedido. A forma como a maioria das pessoas define a própria mente para enfrentar os altos e baixos da vida não é deliberada, é inerente. O que não é tão ruim quanto tentar chegar ao topo de uma montanha com uma venda nos olhos, mas não está muito longe disso.

Muitos dos profissionais que conheço iniciaram a carreira com seu mindset-padrão e foram longe. Mas nenhum chegou a ser o melhor simplesmente assim. Todos, como Katy, chegaram ao limite. Foi quando tomaram a decisão consciente de mudar de mindset. O restante deste capítulo trata de como fazer isto:

- Escolher o mindset desejado.
- Praticá-lo e aprimorá-lo.
- Aprender a ajustá-lo de acordo com a função que exerce ou pretende exercer.

Torne isso um hábito, execute-o corretamente e será como tomar uma daquelas pílulas de placebo todos os dias.

ESCOLHA SEU MINDSET

Talvez você já tenha ouvido falar do *pickleball*, jogo parecido com o tênis, mas disputado em quadra menor, com bola de plástico e raquete um pouco maior que a de pingue-pongue. Inventado em 1965,[8] ganhou popularidade recentemente (segundo alguns relatos, é o esporte que mais cresce no mundo), por ser divertido, fácil de aprender e acessível a quase qualquer pessoa. Para muita gente, funciona mais como um compromisso social do que como um esporte competitivo. Há uma contagem de pontos, claro, mas a verdadeira intenção é conversar com a dupla que está do outro lado da rede.

Não para mim. Quando se trata de *pickleball*, sou supercompetitivo. Quando minha mulher, Andrea, e eu jogávamos em duplas, o que era frequente, eu procurava os pontos fracos dos adversários e fazia o possível para explorá-los. Quando estávamos perto de vencer, melhorava mais meu jogo. Por isso eu disse "jogávamos": ela agora raramente joga em duplas comigo, pois minha sede de vencer atrapalha o que a maioria das outras duplas deseja: uma tarde agradável e divertida. Desenvolvi essas características competitivas na juventude, jogando tênis durante anos. Costumava observar como os mais experientes, que me venciam, encaravam o jogo mentalmente e tentava imitá-los. Hoje adoto esse mindset sempre que entro em uma quadra, seja de *pickleball* ou não.[9]

Mas na minha função de psicólogo clínico e de desempenho ouço e sinto empatia. Posso buscar pontos fracos, mas com o objetivo de ajudar meu cliente, não de derrotá-lo. Sou persistente e tenaz, não competitivo; vencer não é meu objetivo. Para obter sucesso numa função diferente é preciso um mindset diferente.

Atribui-se a Stephen Curry, astro do basquete da NBA, a frase: "O sucesso não é um acidente. O sucesso é, na verdade, uma escolha." Eu acrescentaria que o mindset também. (Depois diria "Continue acertando esses arremessos de três pontos, Steph"; ele sorriria e me daria um *high five*.) Você pode seguir seu padrão ou escolher o mindset necessário para ser o melhor. Mas primeiro precisa saber para onde está indo. Pense nas funções que desempenha na vida. Você é estudante, funcionário, gerente, líder, empresário? Você é pai, mãe, irmão, irmã, filho ou filha? Cônjuge ou parceiro? Amigo? Você é membro de comunidades, seja uma equipe, um grupo, uma escola, uma organização sem fins lucrativos, um sindicato, um clube? São muitas funções, e a excelência em cada uma exige determinado mindset.

Para definir seu mindset, primeiro escolha um papel – aquele em que você é um profissional. Para a maioria de nós, é o trabalho ou a atividade que exercemos. Escreva então as principais características que considera indispensáveis para o sucesso. *"Para ser um _____ bem-sucedido, preciso ser (mais) _____."* Pode ser algo que você observou em primeira mão – vendo e conversando com outras pessoas – ou que aprendeu em artigos, blogs ou livros sobre os melhores desempenhos em sua área. Por exemplo, as características do mindset de um professor bem-sucedido (paciente, cuidadoso, atento, empático, flexível e indulgente) são muito diferentes das de um promotor público (severo, duro, inflexível, competitivo, pragmático, implacável e pronto para explorar qualquer fraqueza).

À medida que você passa por esse processo e escreve as características que deseja para cada função, a situação pode ficar parecida com o processo de análise de valores do capítulo anterior. Mas enquanto os valores são internos, capturando e codificando aquilo com que nos importamos mais profundamente, as características do mindset olham para fora. Quais são os traços de personalidade que desejamos aplicar em cada uma de nossas funções? Na maioria das vezes, não queremos mudar nossos valores, e sim entendê-los. Mas as características do mindset são passíveis de mudança. Se para atingirmos nosso potencial máximo for preciso ter um mindset diferente, podemos fazê-lo acontecer.

Como observei anteriormente, a maioria dos profissionais de alto rendimento com quem trabalhei compartilha um conjunto comum de características de mindset. Não são complacentes e estão sempre em busca de se desafiar. São humildes e tenazes, dispostos a fazer parte de algo maior e motivados pela missão, não por ganhos materiais. Acima de tudo, essas são características com um "mindset de crescimento" – termo cunhado e popularizado pela Dra. Carol Dweck, que o define assim:

> Indivíduos que acreditam que seus talentos podem ser desenvolvidos (mediante trabalho árduo, boas estratégias e contribuições de outras pessoas) têm um mindset de crescimento. Os que acreditam que seus talentos são dons inatos possuem um mindset mais fixo. Pessoas com mindset de crescimento tendem a obter melhores resultados que aquelas com mindset fixo, pois se preocupam menos em parecer inteligentes e investem mais energia no aprendizado.[10]

Todos nós nascemos curiosos, predispostos a buscar desafios e oportunidades de aprender. Por isso as crianças se aproximam de estranhos, cachorros e sorvetes de olhos bem abertos, e deixam cair objetos só para ver o que acontece (não é divertido?). Uma enorme quantidade de pesquisas comprova esse fato, revelando que as crianças fazem tais explorações mesmo quando entendem os possíveis riscos (ou seja, o fracasso).[11]

A maioria de nós perde esse mindset de crescimento natural quando entra na puberdade e na idade adulta. Mas nem todos. Em descobertas que repercutiram entre pais ansiosos no mundo inteiro, a pesquisa de Dweck e sua equipe mostra que crianças que recebem dos pais uma proporção maior de "elogios de processo" têm maiores probabilidades de serem bem-sucedidas no ensino superior – vários anos depois. Sucesso que decorre principalmente do mindset de crescimento. Se um pai elogia o esforço e a abordagem ("Adorei como você continuou tentando!"), o filho estará mais preparado para o sucesso do que se ele elogiar o resultado ou a pessoa ("Bela pintura, você é um grande artista"). Por que esse elogio continuado leva ao sucesso? Porque vai instilando nas crianças a crença de que a inteligência e outras habilidades são maleáveis. Podem ser aprimoradas com esforço. Isso, por sua vez, lhes dará mais confiança para enfrentar desafios, pois as ajuda a desenvolver essas habilidades. Trata-se de um círculo virtuoso e autorrealizável. Caso você tenha notado uma mudança de discurso no parquinho do bairro ao longo dos anos, o motivo é esse.[12]

Ao basear seu pensamento (sua "teoria implícita") na crença de que suas habilidades mentais são fixas, você não aprenderá nem crescerá. Mas se sua teoria implícita for a de que seu intelecto e sua personalidade são dinâmicos, assim será. Desafios e fracassos são um ponto de partida para aprendermos mais, melhorarmos e tentarmos de novo.

Um complemento para o mindset de crescimento é o conceito de coragem, popularizado por Angela Duckworth, professora da Universidade da Pensilvânia, em seu livro *Garra: O poder da paixão e da perseverança*, de 2016. Enquanto o mindset de crescimento é a crença de que a capacidade é flexível, e não fixa, a garra é a tendência a buscar objetivos de longo prazo com dedicação constante. Duckworth a divide em dois componentes principais: esforço (perseverança) e paixão (manutenção do interesse), ambos aplicados por um longo período de tempo. Garra e mindset de crescimento são diferentes – é possível ter garra sem vitória e vitória sem garra, mas elas se reforçam. Um estudo de 2020, do qual Duckworth foi coautora, constatou que "os adolescentes que consideravam a capacidade intelectual algo maleável (ou seja, tinham um mindset de crescimento) posteriormente trabalharam com firmeza rumo a metas desafiadoras, mesmo levando em conta suas crenças anteriores. Em grau ainda maior, o inverso também foi verdadeiro: mais coragem prenunciou aumentos subsequentes na ordem de classificação do mindset de crescimento". Se você tem coragem, é mais provável que desenvolva um mindset de crescimento e vice-versa.[13]

Existem outros descritores poderosos de mindset além de "crescimento". O otimismo é um dos mais importantes. Muitas vezes, está relacionado ao aprimoramento (fica difícil ser pessimista e manter um mindset de crescimento) e é também autorrealizável. É mais provável que as pessoas aceitem desafios e persistam em direção a uma meta se acreditarem que provavelmente terão sucesso. Mindset de guerreiro é algo que também ouço muito. Refere-se, por exemplo, à tenacidade e ao compromisso de concluir uma tarefa, não importa quão desafiadora seja. A ambição é outra característica a ser considerada, pois pesquisas revelam que ela está diretamente relacionada ao sucesso (felicidade pode ser outra história!).

Um último ponto sobre a escolha das características do seu mindset: tenha o equilíbrio em mente. Os descritores de mindset que você escolher (tenacidade, otimismo) provavelmente serão positivos; ainda não conheci alguém que tenha como meta a preguiça. Mas algo bom também pode ser excessivo. O otimismo é excelente, só que, se você depender muito dele, acabará se tornando complacente, achando que não precisa se esforçar tanto porque "vai dar tudo certo". Esse efeito, conhecido como "U invertido", é descrito por Adam Grant e Barry Schwartz como "fenômenos positivos que atingem pontos de inflexão em que seus efeitos se tornam negativos". Eles costumam citar o filósofo grego Aristóteles, segundo o qual, para alcançar felicidade e sucesso, as pessoas deveriam cultivar virtudes em níveis médios ou intermediários entre deficiências e excessos.[14] (Em vez da "média dourada" de Aristóteles, elas podem optar pela frase "na medida certa" proferida por *Cachinhos Dourados*, personagem do conto infantil homônimo.* Mas Aristóteles é muito mais intelectual.)

Assim, é preciso ter características de mindset que se equilibrem. A confiança se equilibra com a humildade. O trabalho árduo, com o próprio equilíbrio, que lhe dá tempo para relaxar e recarregar as energias. A autoconfiança (no caso, a crença na sua capacidade de desempenho) se equilibra com o desejo de melhoria constante. Ao escolher descritores para seu conjunto mental de aspirações, tenha sempre em mente o equilíbrio.

---

* No conto, uma menina chamada Cachinhos Dourados invade uma casa onde moram três ursos – pai, mãe e filho – que no momento estão ausentes. A menina vê então uma mesa com três pratos cheios de mingau: um grande, um médio e um pequeno, naturalmente o do ursinho. Após experimentar os dois primeiros, ela come o mingau do ursinho, que, segundo ela, está "na medida certa". *(N. do T.)*

PERMANEÇA NO CÍRCULO

Você já reuniu um conjunto de características incríveis que descrevem o mindset que deseja. Por enquanto são apenas palavras numa página ou tela. Talvez queira se orientar para o crescimento e para desafios, ser ambicioso, tenaz, humilde e poderoso. A parte difícil é: como chegar lá? Pouquíssimas pessoas são abençoadas de forma inata com o mindset ideal para a área em que atuam. Todos gostaríamos de possuir o mindset de crescimento de Carol Dweck e ser guerreiros como Angela Duckworth, mas a maioria de nós também tem muito de Charlie Brown. Como você *pratica* o mindset que escolheu? Como poderá torná-lo parte do cotidiano?

Minha resposta: com aspectos controláveis. Todos os profissionais de alto rendimento com quem trabalhei ou que entrevistei – e que estão no topo – falam sobre controlar o que é possível e não se preocupar com o restante. Trata-se de um talento difícil de dominar. Mas, na minha experiência, é com questões controláveis que podemos praticar melhor um mindset e evoluir.

Você não pode decidir se a chuva deve cair ou não, mas pode decidir se vai levar um guarda-chuva. Você pode controlar sua atitude (o modo como pensa sobre algo ou uma pessoa), seu esforço (quanto vai trabalhar) e seu comportamento (as ações que vai tomar). Isso é tudo que você pode controlar. Deve ignorar tudo mais. Como observou o filósofo grego Epicteto, "Só há um caminho para a felicidade: deixarmos de nos preocupar com o que está além do poder de nossa vontade". Caso você prefira filósofos mais jovens e sábios, faça como Linus, das histórias em quadrinhos *Peanuts*, para quem "aprender a ignorar é um dos grandes caminhos para a paz interior".

Não sei ao certo se o foco em questões controláveis é um atributo do mindset ou uma estrutura para incorporá-lo a nossas vidas. Na prática, é apenas uma questão semântica. O que de fato faz diferença é o mantra atitude, esforço *e* comportamento. Para viver seu mindset, você precisa ativá-lo simultaneamente por meio dos três elementos de controle; um ou dois não bastam. Digamos, por exemplo, que uma das características do mindset que você escolheu seja a tenacidade. Ótimo! E agora? Suponhamos que você depare com uma situação desafiadora. Como vai agir? Sua atitude será permanecer positivo e continuar tentando até acertar; você é tenaz, lembra-se? Seu esforço será grande, pois pessoas tenazes trabalham mais diante do fracasso. E você tentará estratégias e táticas diferentes, pois indivíduos tenazes não se prendem a repetições – eles se ajustam. Você tirou de algum lugar a palavra *tenacidade* e incorporou-a por meio de atitude, esforço e comportamento. A palavra é legal, fica bem num currículo. A atitude, o esforço e o comportamento, porém, são o modo como tudo é feito.

Os melhores profissionais se tornam muito bons em controlar os fatores controláveis e ignorar os outros, mas isso pode ser difícil. Portanto, é útil ter um mantra; eis por que incentivo meus clientes a "permanecerem no círculo". O que está no círculo? Atitude, esforço e comportamento: o que você pode controlar. O que está fora? Todo o restante, tudo que você não pode controlar. Quando meus clientes começam a se preocupar com o que outras pessoas estão dizendo, pensando ou fazendo ou com as condições, sempre lembro a eles que devem permanecer no círculo. Rapidamente começam a falar isso com eles mesmos.

Para muitos profissionais, fora do círculo estão principalmente eventos triviais, como condições climáticas ruins, comentários negativos e concorrência acirrada. Mas pode haver assuntos mais graves, como uma situação financeira ou familiar ruim. Tais problemas podem se tornar incontroláveis, mas também é praticamente impossível ignorá-los. Para obter resultados positivos, você precisará restringir seus pensamentos ao que é controlável e – pelo menos por algum um tempo – ignorar o restante. Mantras como "Permaneça no círculo" são úteis, pois constituem um lembrete para concentrar a atenção na atitude, no esforço e no comportamento, longe das circunstâncias externas e dos desafios assustadores que elas podem acarretar.

PRATIQUE A ATITUDE

Dave Wurtzel passou quase duas décadas como bombeiro antes de se dedicar à sua organização sem fins lucrativos The First Twenty, que desenvolve e oferece programas holísticos de condicionamento físico e desempenho para bombeiros e socorristas em todo o país. (Conheci Dave quando ele entrou em contato comigo depois de me ouvir em um podcast.) Além de seu trabalho diário de apagar incêndios, ele foi duas vezes campeão no Firefighter Combat Challenge World Championships (Campeonato Mundial de Combate a Incêndios). O Firefighter Combat Challenge (hoje chamado de Desafio para Bombeiros) foi iniciado em 1974 como um projeto de pesquisa destinado a estabelecer padrões de condicionamento físico para bombeiros. Os pesquisadores desenvolveram uma sequência de cinco tarefas comuns e indispensáveis de combate a incêndios: transporte de equipamento em arranha-céus, içamento de mangueiras, entrada forçada, avanço com mangueiras e resgate de vítimas. Os participantes – selecionados em vários Corpos de Bombeiros – percorreram um percurso cronometrado, executando as tarefas uma após outra. Quando os resultados foram analisados, ficou claro que o condicionamento físico estava diretamente relacionado a um melhor desempenho.

Um dos principais pesquisadores, o Dr. Paul Davis, observou que os participantes do estudo eram bastante competitivos ao executar as tarefas. Demorou um pouco, mas em 1991 ele organizou o primeiro Desafio para Bombeiros, com a participação de unidades do Corpo de Bombeiros da cidade de Washington. Alguns anos depois, a ESPN começou a transmitir os eventos, que rotulou como "os dois minutos mais difíceis nos esportes", já que a conclusão das cinco tarefas na pista de obstáculos levava esse tempo. Para competidores de elite, claro, não para você nem para mim.

Dave Wurtzel fez parte da equipe de revezamento vencedora, na divisão acima de 50 anos, nos Campeonatos Mundiais do Desafio para Bombeiros de 2017 e 2018. Portanto estava entusiasmado quando ele e seus colegas de equipe se aproximaram das finais de 2019 em Montgomery, Alabama. "Treinamos algumas vezes e estávamos muito confiantes de que iríamos conseguir!", lembra ele. "Na primeira corrida, senti que estava arrasando. De repente, estava correndo na seção de obstáculos, mas tropecei e caí."

Foi aí que começou a conversa interior negativa. "Minha mente só conseguia pensar no tombo. Estávamos hospedados em um hotel no outro lado da rua do percurso. Eu acordava às quatro da manhã, olhava pela janela para o local onde havia caído e só pensava naquilo. Já tinha corrido naquela pista mais de cem vezes, com sucesso, mas só conseguia pensar na única vez que caí."

Ele continua: "Meu cérebro estava me atrapalhando. Eu me dizia que precisava ter um bom desempenho, mas meu cérebro respondia: *Sim, mas você caiu. Preciso correr. Sim, mas você caiu.* Era como se estivesse discutindo comigo mesmo." Dave acabou vencendo a discussão. Foi necessário um trabalho concentrado, mas ele aos poucos substituiu a conversa interior negativa por uma positiva. Repetiu para si que correria o percurso e daria tudo certo. Funcionou. Sua equipe ficou em segundo lugar e ele não voltou a cair.

Já sabemos que a conversa influencia o mindset. Os pais que elogiam o esforço produzem um mindset de crescimento em seus filhos, enquanto colegas que zombam dos fracassos favorecem um mindset fixo. O mesmo acontece com a conversa interior, a voz interna que põe em palavras sentimentos e percepções. A conversa interior é o modo como nosso sistema de crenças conversa conosco, e nosso sistema de crenças controla como reagimos e respondemos à maioria das situações. O que pode ser bom ou ruim. Se sua conversa interior for positiva (*Da próxima vez você vai se dar bem*), a consequência de uma experiência negativa provavelmente será melhor do que se sua conversa interior for negativa (*Cara, você não tem jeito*). Depois que caiu durante a corrida de treinamento, Dave Wurtzel empacou na segunda opção. Teve que assumir o controle de sua voz interior e redirecioná-la para um mindset positivo (*Você consegue fazer isso*) para ser bem-sucedido.

A melhor forma de praticar o primeiro fator controlável – a atitude – é gerenciar sua conversa interior. À medida que for deparando com desafios ao longo do dia (a conversa que não saiu do jeito que você queria, a oportunidade perdida para dizer aquela frase espirituosa, os pequenos equívocos da vida), observe o que você diz sobre si mesmo. Filtre o que diz sobre os outros (*Aquele babaca acabou de furar a fila!*) e observe suas conversas a respeito de si mesmo (*Como pude deixá-lo fazer aquilo? Sou sempre assim, gentil demais com os outros*). Ao falar consigo mesmo, você é um crítico ou um treinador?

Em seguida, tente fazer uma mudança. Ao perceber que está dizendo algo que reflete a atitude que deseja mudar, obrigue-se a parar. Mas não permita que a voz interna se cale: dê a ela um novo mantra. Deixe de discutir com a voz interior (*Você pode fazer isso! Não, você não pode, e quando fracassar vai parecer um bobão*) e a obrigue a fortalecer você (*Você pode fazer isso, e vai ser legal quando conseguir!*). Pode parecer um clichê, mas você ficaria surpreso se soubesse quantos profissionais de alto rendimento fazem afirmações positivas para si mesmos quando entram em campo, no palco ou na sala de conferências. A maioria deles, conscientemente, recheia a mente com conversas encorajadoras. "Você está pronto, você é bom, você está preparado, você está no comando, você vai dar conta disso."

Diversas pesquisas comprovam os benefícios das conversas interiores para o desempenho. Uma metanálise (técnica estatística desenvolvida para integrar os resultados de dois ou mais estudos independentes) de 2011 examinou 47 estudos sobre o efeito das conversas interiores no desempenho atlético. Conclusão científica: funciona.[15] Outras pesquisas destacam como a linguagem é importante. Um artigo de 2016 resume vários estudos que revelam como pessoas que refletem sobre uma conversa interior negativa em geral acabam tentando analisar por que estão reagindo assim. Essa reflexão, infelizmente, pode provocar uma conversa interior ainda mais negativa.[16] Esse tipo de ruminação (termo usado na psiquiatria: forma obsessiva de pensamento em que as ideias se repetem) prejudica o desempenho. Isso acontece porque a introspecção costuma ocorrer com base em uma perspectiva "psicologicamente imersa", o que torna difícil tratar a questão de modo objetivo. A solução é se distanciar, abordando a situação como um bom amigo ou membro da família. Um estudo de 2019 revelou que ciclistas competitivos tiveram melhor desempenho quando usaram a conversa interior na terceira pessoa (*Você é um ótimo ciclista*) em vez da primeira pessoa (*Eu sou um ótimo ciclista*).[17]

A prática de uma atitude positiva requer o alinhamento da conversa – tanto interior quanto exterior – com o mindset positivo que você deseja praticar. Ao observar sua conversa interior, observe também o que está dizendo aos outros. Os SEALs têm um ditado: "A calma é contagiosa." Meu corolário: a emoção é contagiosa. O que você expressa aos outros, seja positivo ou negativo, pode mudar o mindset deles e reforçar o seu. Assim como no caso da conversa interior, se você perceber que está usando uma linguagem negativa ao descrever situações para os outros, pratique trocá-la por uma linguagem positiva.

PRATIQUE O ESFORÇO

Fazer parte da organização do Miami Heat não é para qualquer um. Caso haja alguma dúvida, Erik Spoelstra costuma usar uma camiseta, tanto no escritório quanto no ginásio de treinamento, que diz: NÓS NÃO SOMOS PARA QUALQUER UM. Não se trata de arrogância, explica Erik. "Nossos valores fundamentais são ser a equipe mais trabalhadora, mais bem condicionada e mais profissional. Todos os dias nos esforçamos para ser os melhores. Esperamos que todos sigam as rotinas. Ir para a sala de musculação, verificar o peso e a gordura corporal todas as semanas, falar com o nutricionista. Isso acaba afastando alguns jogadores que não querem essa responsabilidade."

Quantas vezes você já olhou para trás, após alguma ação, e pensou que poderia ter se saído melhor se tivesse trabalhado – estudado, praticado, repetido ou se concentrado – mais? Se você for como a maioria das pessoas, incluindo a maioria dos profissionais de alto rendimento com quem trabalhei, a resposta é: com frequência. E quase sempre é verdade: trabalhe mais e você se tornará melhor e terá mais sucesso.

O esforço talvez seja ao mesmo tempo o aspecto do mindset mais fácil e o mais difícil a ser praticado. Fácil porque você sabe o que precisa ser feito: mais exercícios, mais estudo, mais tempo. Difícil porque dá mais trabalho. Para alguns indivíduos (e para muitos profissionais de alto rendimento), trabalhar duro é inato. Fazem isso naturalmente, não precisam se obrigar. Mas a maioria de nós é o que gosto de chamar de humanos: temos um limite. Quando chegamos à bifurcação em que podemos passar mais uma hora praticando o que nos interessa ou apodrecer nosso cérebro assistindo a vídeos virais ou reality shows, muitas vezes optamos pelos últimos. Deixamos a prática para o dia seguinte. Sofremos de uma lacuna entre intenção e comportamento. Temos a intenção de fazer algo, mas não fazemos.

Quando você chegar à bifurcação entre trabalhar ou relaxar, escolha a primeira opção. Esteja ciente de que a lacuna intenção-comportamento se abriu diante de você e decida vencê-la. Escolha o esforço. Não 100% do tempo – seria um caminho para o esgotamento –, mas com mais frequência do que a habitual. Observe os momentos do dia em que você pode escolher como vai passar a próxima hora e, em seguida, observe as escolhas feitas.

Qual é seu quociente de esforço? Descubra essa versão diferente do QE e trabalhe para melhorá-la. Você não precisa chegar a 100%, basta ser um pouco melhor hoje do que ontem (no próximo capítulo trataremos de assegurar que você usará bem esse tempo).

O controle do esforço não se refere apenas a investir mais tempo, mas a como fazer isso. Lembre-se de nosso capítulo sobre metas, em que Carli Lloyd nos falou sobre suas listas. É uma boa maneira de obter o máximo do esforço investido. Parte desse esforço é ter um plano de como usar o tempo.

Erik Spoelstra faz de tudo para preencher essa lacuna. Antes de cada temporada, ele pede a seus jogadores e treinadores que assinem contratos se comprometendo com o sacrifício e o esforço. "É preciso abraçar o mindset de crescimento", diz. "Para fazer parte de algo especial e maior do que você mesmo, é preciso ter a intenção de se sacrificar e entender o que isso significa."

PRATIQUE O COMPORTAMENTO

O terceiro fator controlável é o comportamento: nossas decisões e ações refletem nosso mindset. O mindset influencia diretamente o comportamento, e o oposto também é verdadeiro. Por exemplo, a maioria dos jogadores de beisebol tem o que chamam de "canção de entrada", que é tocada nos alto-falantes do estádio quando o atleta está se preparando para bater. Isso começou em 1970 com uma organista do Chicago White Sox chamada Nancy Faust, que passou a tocar músicas diferentes para cada jogador. A prática se popularizou depois do filme *Garra de campeões*, de 1989, que mostrou o fechador (arremessador descansado, que entra no final dos jogos) Ricky Vaughn, interpretado por Charlie Sheen, entrando no final em um jogo apertado, com os espectadores vibrando ao som da música "Wild Thing".

As canções de entrada são um exemplo público de uma prática que existe há tanto tempo quanto a gravação de músicas: tocar determinada canção antes de um grande momento. Todos nós temos uma, aquela que ouvimos para nos encorajar antes de um grande teste, entrevista ou encontro. O que as pessoas que ouvem essas canções em seus fones de ouvido talvez não percebam é que estão codificando uma rotina de pré-apresentação.

As rotinas antes de apresentações são comuns no mundo dos esportes. O técnico de basquete universitário John Wooden, que nas décadas de 1960 e 1970 ganhou dez títulos pela Universidade da Califórnia em Los Angeles, ensinou seus jogadores a calçar as meias e amarrar os tênis da mesma forma antes de cada jogo. Isso não tinha a ver com os tênis, mas com uma rotina. Ao executar a mesma rotina antes de cada apresentação, você está dizendo a sua mente e seu corpo para se prepararem, pois está quase na hora. Você provavelmente faz isso sem perceber: aquela xícara de café que você *precisa tomar* de manhã tem tanto a ver com a rotina quanto com a cafeína (neste momento, muitos de vocês estão abanando a cabeça e dizendo que é só pela cafeína!). Trata-se de um sinal, para sua mente e seu corpo, de que a apresentação do dia está prestes a começar.[18]

Um modo de praticar o mindset é criar uma rotina que prepare sua mente para adotá-lo (ou reforçar o que você já tem). Não precisa ser uma música; podem ser roupas, acessórios, refeições, um mantra ou uma meditação. Pratique a rotina, sempre acertando os detalhes. Se esquecer a rotina, ou variá-la, o mais provável é que você se acomode em seu mindset-padrão em vez do desejado.

Crie hábitos que incorporem o mindset escolhido. Pense sobre isso, observe as pessoas que exibem algum e pratique o que elas fazem para vivenciá-lo. Digamos que, em sua função de pai ou mãe, você queira adotar um mindset de ouvir mais e falar menos. Os hábitos a incorporar podem incluir afastar o celular quando estiver com as crianças. Ou refletir sobre o que as ouve dizer em vez de responder na hora.

A maneira como você se expressa, tanto interiormente quanto para os outros, é uma forma poderosa de praticar o mindset. Evite usar uma linguagem que não incorpore o escolhido. Desenvolva e use um mantra que conduza sua mente na direção certa, como "O que posso aprender com isso?", de Katy Stanfill. Além disso, cuide para que a linguagem usada com os outros esteja em sintonia com o que diz a si mesmo. O desalinhamento surge quando um profissional transmite aos colegas mensagens positivas (nós sabemos fazer, nós podemos fazer) mas sua conversa interior é muito menos confiante. Crie o hábito de ouvir as palavras positivas que diz aos outros e use a mesma linguagem.

Outra maneira de incorporar seu mindset é procurar pessoas com um semelhante. Com frequência vejo profissionais que em seu espaço de atuação praticam com sucesso um mindset de alto rendimento, mas mudam quando estão em um ecossistema diferente. Talvez seu desempenho melhore entre outros profissionais, mas piore junto a outras pessoas. Isso pode prejudicá-lo. Meus pais costumavam dizer: "Diga-me quem são seus amigos e eu lhe direi quem você é." Vou acrescentar: "Diga-me qual é o mindset deles e eu lhe direi qual é o seu."

PRATIQUE O FRACASSO

O fracasso é um excelente professor. Pergunte a Nathan Chen, cuja derrota nos Jogos Olímpicos de Inverno de 2018 o ajudou a elevar seu desempenho mental (e consequentemente o desempenho competitivo). Pergunte a Katy Stanfill ou Dave Wurtzel, que aprenderam a canalizar seus fracassos para mindsets mais positivos e bem-sucedidos.

Ou pergunte a Carli Lloyd, uma das melhores jogadoras norte-americanas de futebol. Em 2011, a final da Copa do Mundo Feminina foi disputada entre Estados Unidos e Japão em Frankfurt, na Alemanha. Como a partida terminou empatada em 2x2, a decisão ficou para uma disputa de pênaltis. Na primeira cobrança, a meio-campista americana Shannon Boxx errou o chute, enquanto a atacante japonesa Aya Miyama acertou. Escalada para fazer a segunda cobrança, Carli se aproximou.

"Quando ajeitei a bola no chão, comecei a pensar em como queria bater o pênalti. Minha mente ia para um lado e para outro enquanto eu me perguntava se deveria bater no mesmo lado e com a mesma força que tinha usado no meu último pênalti (que ela havia convertido na partida anterior, contra o Brasil). Ou deveria bater no outro lado? Então disse a mim mesma: apenas chute com força. Dei um passo à frente, chutei a bola e errei. A bola passou muito acima do travessão. Perdemos a disputa de pênaltis. Fiquei arrasada. Senti que tinha decepcionado minhas colegas e meu país. Fiquei chateada por um bom tempo."

Quando parou de ficar chateada, ela decidiu (atitude) que jamais perderia outra cobrança de pênalti em uma Copa do Mundo. Então aprimorou sua técnica (comportamento) e a praticou repetidamente (esforço) até que seus movimentos se tornassem automáticos.

Em 2015, ano da nova Copa do Mundo, Carli estava pronta. Acertou um belo chute no gol, à esquerda da goleira, na partida eliminatória contra a Colômbia. Mas seu momento de maior pressão foi na semifinal contra a Alemanha, quando, uma vez mais, teve que cobrar um pênalti. Na hora H, colocou a bola na marca. "Depois do jogo contra a Colômbia, decidi que, se tivesse outra oportunidade, bateria no mesmo lado em que tinha batido contra o Brasil. Havia muita agitação atrás de mim, mas dá para ver no vídeo como eu estava concentrada. Nada ao redor entrava no meu espaço mental. Eu me aproximei, bati para o mesmo lado e coloquei a bola no fundo da rede." Os Estados Unidos venceram o jogo, avançaram para a final e ganharam a Copa do Mundo. "Todo mundo pode dar um chute a gol", diz Carli. "Não é assim tão difícil. A questão é o que você diz à sua mente. Se sua mente tiver um ou dois por cento de dúvida, isso confundirá você. Eu não estava preparada em 2011. Mas em 2015 sim."

É possível identificar a trajetória a partir do fracasso de Carli em 2011 até seu sucesso em 2015. O mesmo se pode dizer de Nathan, Katy, Dave e praticamente todos os profissionais de alto rendimento com quem já trabalhei. Todos fracassaram e aprenderam com essas experiências.

O problema é que fracassar não é divertido. Há uma razão para que alguns chamem o fracasso de zona de conforto: o fracasso é confortável! E seguro: ninguém poderá condená-lo por errar se você não sair dessa posição. Isso é exatamente o que seu cérebro primitivo deseja. Nossos ancestrais sobreviveram a inúmeras calamidades. Assim, estar à vontade e seguro é simplesmente perfeito.

A situação confortável é o motivo pelo qual Dave Wurtzel, futuro bombeiro da Filadélfia e campeão mundial do Firefighter Combat, não participou do time de basquete na oitava série. "Fiquei nervoso quando saí do vestiário e não fui para a quadra. Nem tentei. Disse ao meu pai que eles me cortaram e ele não entendeu como isso pôde acontecer no primeiro dia de treino." Aparentemente, Dave não aprendeu a lição, pois vários anos depois, quando estudava na Penn State, mais uma vez não arriscou. "Havia uma garota por quem eu tinha uma queda desde o início do primeiro ano. Quando estávamos prestes a nos formar, eu a vi em um evento e tive coragem de lhe dizer como ela era bonita. Ela respondeu: 'Eu queria que você tivesse me dito isso há quatro anos!' Depois se virou e foi embora!"

Dave é hoje um homem casado e feliz. Conta essa história com um sorriso e sem arrependimento (ok, talvez um pouco de arrependimento). "Eu nunca me arrisquei. Tinha medo da pressão, não queria fracassar. É como aquela frase de Wayne Gretzky (famoso jogador de hóquei no gelo): 'Você perde cem por cento das tacadas que não dá.' Eu não dei a tacada."

A maioria das pessoas não gosta de arriscar. Algumas se arrependem e outras nem pensam nisso. Manter-se confortável é a pior maneira de praticar o mindset. O fracasso nos ensina e gera sucesso, e o modo como lidamos com ele é uma característica que define nosso mindset. Isso significa que, para aprender a excelência, você precisa praticar o fracasso. Assuma deliberadamente mais riscos, deixe para trás o que é confortável.

Tem alguém de quem você gosta de um jeito especial, mais do que como amigo ou amiga? Fale com essa pessoa. Surgiu uma nova oportunidade em seu caminho? Aceite. Uma busca por voluntários? Levante a mão. Viu um folheto de um curso ou de um clube interessante? Inscreva-se. Está tentando não fazer nada? Convença-se a fazer. Profissionais se dão o luxo de ter muitas oportunidades de fracassar e, portanto, têm amplas oportunidades de aprender. Para muitos de nós, desafios de desempenho são mais raros, portanto temos menos oportunidades de fracassar e aprender.

Comece em ambientes de baixo risco. Pode ser com um novo jogo, esporte ou passatempo, e dedique àquela atividade tempo suficiente para fracassar muito. Quer desistir? Não desista! Aquela música que seus filhos estão ouvindo e você não suporta? Eis uma ótima oportunidade para praticar! Dance hip-hop! Ou prove um novo alimento que nunca comeu e que normalmente jamais experimentaria. Depois, se detestá-lo (fracasso), reserve algum tempo para aprender com a experiência. Talvez aprecie algumas partes (atitude). Veja se consegue mudar de mindset e tente de novo (esforço). Você pode cuspir tudo (comportamento!), mas pelo menos tentou.

Quanto mais você fracassar, mais poderá treinar como reagir ao fracasso. Como diz o SEAL aposentado Marcus Luttrell: "Se você não tentar encontrar o estresse, ele vai aparecer para você. A vida encontrará você. Se você não estiver preparado, será esmagado. Nos três primeiros anos de treinamento no SEAL, achei que tinha fracassado em tudo, mas não levei para o lado pessoal. Sua atitude tem de ser: 'Acabou no minuto em que aconteceu. Agora aprendi. Não vou fracassar duas vezes!' Falhe o suficiente e você aprenderá que o fracasso leva ao sucesso."

A prática deliberada do fracasso não só nos ajuda a desenvolver um mindset de crescimento, como também pode estimular a criatividade. Ben Potvin é um ex-ginasta canadense que transformou seus dotes atléticos em uma longa carreira como artista, principal treinador e diretor de criação do Cirque du Soleil. Para ele, o fracasso é como uma loja de doces que desperta a imaginação e a criatividade. Conheci Ben em 2015. Trabalhamos juntos em muitos Acampamentos de Desempenho sob Pressão para atletas de elite. Andy Walshe recrutou Ben, muitos outros instrutores e a mim com a finalidade de criar desafios físicos, emocionais e psicológicos para que atletas de elite e executivos de empresas os vivenciassem nos acampamentos.

Analisando a história de Ben – primeiro como acrobata, depois como treinador e diretor de criação de espetáculos do Cirque du Soleil – podemos considerá-lo um dos melhores especialistas do mundo em ajudar pessoas a superar o que elas pensam ser seus limites humanos. Se você já assistiu a algum espetáculo do Cirque, provavelmente ficou de boca aberta com as manobras físicas criativas que testemunhou. Esses movimentos, segundo Ben, foram iniciados a partir de uma posição de desconforto. Para ele, o desconforto interno cria espaço para o crescimento, e a relação entre equilíbrio e desequilíbrio (o que chamo de conforto e desconforto) é fundamental para a criatividade. "Se você quer crescer criativamente, não pode estar equilibrado. Precisa se desequilibrar para encontrar uma nova criatividade. Desafie a si mesmo. Obrigue-se a explorar alguma coisa nova. Faça experiências e se force a gostar ou não dela. Crie uma faísca, descubra o que o atrai e se aprimore nisso."

Jimmy Lindell passou a maior parte de seus anos nos Navy SEALs como atirador de elite e participou de muitos combates. Fez parte da equipe que libertou o capitão mercante Richard Phillips, sequestrado por piratas somalis que tomaram seu navio porta-contêineres, o *Maersk Alabama*, em abril de 2009. (O filme *Capitão Phillips*, de 2013, foi baseado nesse episódio.) Antes de entrar para os SEALs, Jimmy dirigia uma bem-sucedida empresa de carpetes e pisos. Imagine o tamanho do passo que ele deu abandonando sua segurança para seguir a carreira naval.

Mas este não é um relato sobre tiroteios, carpetes ou rigores do treinamento BUD/S. É um relato a respeito de como desafiar as situações seguras e confortáveis. "Tento sair da minha zona de conforto o tempo todo. Quando estava nos SEALs, praticava tiro com a mão esquerda", conta Jimmy, que é destro. "Mesmo hoje, não consigo sentar e relaxar como um homem da minha idade deveria fazer. Não consigo ficar confortável, e nem quero." Mas como um ex-líder de uma equipe dos SEALs sai da zona de conforto?

Ele conta: "Outro dia, quando estava dirigindo, tocou uma música do Styx, uma banda de rock dos anos 1970 e 1980. Eu não sei cantar nada, mas queria muito cantar aquela música. Então parei o carro para dar toda a minha atenção a ela. Até filmei no celular. Eu sou tão ruim que a cena ficou hilária. Mostrei o vídeo à minha mulher e ela riu muito." Isso mostra como esse exercício pode ser simples. Faça você também! Coloque o Styx para tocar. Recomendo a balada "Come Sail Away" (Venha navegar para longe), bastante apropriada para um ex-comandante da Marinha. Depois grave um vídeo de você mesmo cantando com vontade e mostre a alguém que você ama.

NÃO CHORE SOBRE O LEITE DERRAMADO

Em 2010, eu era o principal psicólogo das equipes Navy SEAL 1, 3, 5 e 7 da Costa Oeste dos Estados Unidos. Certa manhã, o chefe de um grupo de franco-atiradores bateu a minha porta. (Chefe é o terceiro posto sênior mais alto da Marinha, logo abaixo do chefe sênior e do chefe principal. Os chefes são fundamentais para o sucesso das operações. Muitos oficiais dizem que eles é que comandam a Marinha.) Uma semana antes, retornando de uma operação de seis meses com muitos confrontos contra o inimigo, ele tivera problemas em casa. Durante o jantar da família, seu filho, de 3 anos, não parava de derrubar o copo de leite sobre a mesa. Não era de propósito! No entanto, na quarta ou quinta vez, o atirador do SEAL se levantou e berrou para o garoto: "Pare de derramar o leite!" Morrendo de medo, o menino começou a chorar. A mãe deu um ultimato para que o marido, o homem à minha porta, viesse me procurar na manhã seguinte.

Quando um chefe do SEAL está em missão, o que ele espera é perfeição – tanto de si mesmo quanto da equipe. Exige também responsabilidade, vigilância e total atenção aos detalhes. Qualquer falha é um perigo em potencial. Quando o pai de uma criança de 3 anos se senta para jantar, ele pode internamente desejar a perfeição, mas isso não vai acontecer. O leite é derramado, as ervilhas são enfiadas no nariz, o espaguete acaba no chão. O prato, como recipiente para acolher a comida, torna-se apenas um conceito. Felizmente, essas transgressões criam bagunça, mas não são perigosas. Assim, aplicar o mindset da chefia de franco-atiradores à situação de pai de uma criança pequena gera gritos, choro e visitas matinais ao Dr. Potterat. Os traços e as expectativas eficazes numa função não funcionam em outra.

Mais recentemente comecei a trabalhar com uma executiva de marketing de uma conhecida marca de vestuário. Ela fazia malabarismos com funções que soarão familiares para muitos leitores: líder de uma grande equipe na empresa, mãe de dois filhos, casada há 15 anos e animada participante de um grupo regular de golfe. No trabalho de marketing, sua mente se concentrava em como as pessoas percebiam as marcas da empresa e o que ela e sua equipe poderiam fazer para melhorar essa percepção. Depois ia para casa e aplicava o mesmo mindset à família e aos amigos.

"Eu não consigo suspender meu comportamento profissional", disse ela alguns meses depois que começamos a trabalhar juntos. "Quero sempre garantir que nossa família e meus filhos representem sempre bem a marca da família." Suas amigas do golfe, que recebiam tratamento semelhante, já estavam ficando fartas de ouvi-la falar sobre suas marcas como jogadoras, mães e mulheres, e sobre como precisavam refletir mais sobre essa marca. À medida que nossas sessões avançavam, ela relatou uma tensão crescente com o marido e os filhos. O casal estava brigando mais, em parte devido à irritação dele com a obrigação de exibir a marca da família aos olhos do mundo. Engenheiro, ele não se importava muito com o que os outros pensavam.

Digamos que você seja esquiador. O que você mais gosta de fazer é descer colinas nevadas, fazendo curvas fechadas e sentindo o vento frio no rosto. Em seu armário, está todo o equipamento: esquis, bastões, roupas de inverno e um par de botas grandes e nada elegantes. Mas digamos que um amigo seu o convide para jogar basquete. Você apareceria usando botas de esqui? Claro que não! Botas de esqui são inadequadas para jogar basquete (ou qualquer outra atividade além de esquiar).

Entendeu? O esporte é sua função, e o equipamento, seu mindset. Para ser excelente em todas as funções, você precisa escolher mindsets diferentes para cada uma e fazer a transição quando mudar de função. Precisa tirar as botas de esqui e calçar os tênis. Nem o chefe dos atiradores do SEAL nem a executiva de marketing sabiam mudar o mindset do trabalho para o que deveriam adotar em casa. Estavam usando botas de esqui em um jogo de basquete.

Depois que o SEAL me contou sua história sobre o leite derramado, decidimos criar um ritual para ajudá-lo a mudar de mindset quando estivesse em casa, pois ele não queria mais gritar com o filho. Perguntei-lhe se escovava os dentes todas as manhãs. Sim. Sugeri que se olhasse no espelho enquanto fazia isso e dissesse em voz alta: "Não estou em treinamento. Não estou em uma missão. Meu filho tem 3 anos e vai derramar leite hoje. Duas vezes."

Na manhã seguinte, o chefe me ligou para informar que se manteve calmo diante do leite derramado. Cerca de uma semana depois, trouxe uma garrafa de uísque de presente e disse: "Nosso filho não derramou mais leite depois que fiz o que você recomendou quando escovava os dentes. Eu estava esperando por aquilo duas vezes por dia, mas não aconteceu nada." (Resisti à tentação de derramar o uísque só para ver o que ele faria.)

Também apresentei à executiva de marketing o conceito de ter mindsets diferentes para funções diferentes. Pedi que escolhesse algumas palavras que considerasse necessárias para ter sucesso em cada uma de suas funções – suas características de mindset desejadas. Para seu papel de mãe, ela queria ser boa ouvinte, boa orientadora, paciente, amorosa e solidária. Como mulher, escolheu respeito, comunicação, parceria, compromisso e amor pelo marido. Para seu grupo de golfe, optou por diversão, exercício e conexão social. Para a carreira como executiva de marketing e *branding*, ela apontou atenção em detalhes, satisfação do cliente e consistência.

Em seguida, trabalhamos nas rotinas de transição. Ela escreveu suas funções e palavras num aplicativo do celular e criou o hábito de lê-las após sair do trabalho e antes de entrar no campo de golfe. Isso a ajudou a se lembrar dos diferentes mindsets que havia escolhido para cada função. Quase imediatamente, relatou efeitos positivos. Sentia-se mais presente, feliz e bem-sucedida em cada uma de suas funções e percebeu que havia permitido que o mindset de trabalho se infiltrasse demais na vida pessoal. Sendo especialista em roupas, percebeu que os mindsets são um pouco como elas: podem ser escolhidos para diferentes ocasiões. Alguns meses depois, recebi um bilhete muito gentil do marido dela agradecendo por ter salvado o casamento deles! Uma afirmação provavelmente exagerada, mas que comprova o poder da mudança de mindset entre funções.

Já falamos sobre rotinas pré-desempenho – caso da música de entrada do jogador de beisebol – como uma forma de acionar o mindset de desempenho. Quando consideramos mudanças de função, a rotina pós-desempenho é igualmente importante, pois funciona como uma "rampa de saída", ou como um *dimmer* para a luz brilhante que é seu próprio desempenho. Você pode, por exemplo, colocar um tipo de música e seguir um caminho ao ir para o trabalho, e ouvir outro tipo de música e fazer outro trajeto ao voltar para casa. Essas rotinas treinam sua mente para entrar no mindset certo. Não importa a rotina de transição, o que importa é ter uma. Você já deve estar agindo assim. Então dedique algum tempo a observar o que faz, depois anote suas ações para torná-las um hábito. Sempre que entrar nesse mindset ou sair dele, use a mesma rotina. O termo técnico para tais rotinas é "atividades de transposição de limites", nas quais a pessoa entra e sai de funções cruzando limites físicos, emocionais e temporais entre elas.

Marcus Luttrell, Navy SEAL aposentado, me contou uma excelente história de mudança de mindset. Um dia entrou no escritório de um de seus instrutores. "Aquele cara foi o instrutor mais malvado que já tive o prazer de conhecer. O mais duro, o mais rápido, o mais forte; e, cara, como ele gritava." Naquele dia, ele ouviu o cara durão ao telefone dizendo: "Está bem, querida, vou ler a história para você quando chegar em casa, prometo. Te amo."

Mas, quando viu Marcus, ele trocou de mindset na hora: desligou o telefone, agitou a cabeça para que os óculos escuros que sempre usava se encaixassem no lugar e começou a xingá-lo como nunca tinha feito antes. Às vezes uma rotina de transição pode ser tão simples quanto ajeitar um par de óculos.

PATRIOTS X FALCONS

O cenário esportivo está cheio de reviravoltas incríveis, mas poucas são mais notáveis do que a ocorrida no Super Bowl 51 (jogo final do campeonato de futebol americano de número 51), disputado entre os New England Patriots e os Atlanta Falcons em 5 de fevereiro de 2017 na cidade de Houston. Os Falcons venciam o jogo por 28 a 3 a dois minutos do final do terceiro quarto quando os Patriots marcaram um *touchdown* (equivalente a um gol no nosso futebol, mas valendo seis pontos). No quarto e último tempo, eles fizeram 19 pontos consecutivos e empataram o jogo, que foi para a prorrogação – e com outro *touchdown* obtiveram a maior virada em um Super Bowl na história da Liga Nacional de Futebol Americano.

Houve vários fatores por trás da notável virada dos Patriots e do espantoso colapso dos Falcons: habilidade, sorte, fadiga, estresse, treinamento, escolha de jogadas, árbitros e assim por diante. Mas um fator em potencial não foi reconhecido pelos jogadores e técnicos no turbilhão após o jogo: a aversão à perda. Trata-se da inata tendência humana de, quando na liderança, jogar para não perder em vez de jogar para ganhar. À medida que nos aproximamos da vitória, começamos a nos preocupar mais com a derrota.

Um estudo de 2011 da Wharton School analisou o desempenho dos jogadores de golfe da PGA (Professional Golfers' Association), os melhores do mundo no que talvez seja o jogo mentalmente mais desafiador entre todos os esportes. Os pesquisadores descobriram que, controlando todos os outros fatores, os golfistas profissionais acertam os *putts* de *eagle* ou *birdie* com menos precisão do que acertam *putts* semelhantes de par, *bogey* ou *double bogey*.[19] (Um *eagle* é duas tacadas abaixo do par e um *birdie* é uma abaixo; ambos são bons resultados. Um *bogey* é uma acima do par, um *double bogey* é duas acima; ambos são resultados ruins para um jogador de alto nível.) É a aversão à perda em ação. Quando os jogadores têm chance de marcar um *birdie* ou um *eagle*, segundo os dados, eles se tornam um pouco menos agressivos. Já não batem na bola com muita força, pois querem deixar a tacada seguinte mais fácil para o par. Em vez de buscar a vitória, diminuem um pouco o ritmo para se assegurar de que não perderão. Como observa o estudo, "os jogadores capricham mais nos *putts* para o par, de modo a evitar uma perda".[20] Outro estudo confirma o comportamento de aversão à derrota. Ao analisarem buracos que foram alterados de par 5 para par 4 sem qualquer mudança em sua natureza física, constatou-se que os jogadores de golfe da PGA obtinham pontuação mais baixa quando os buracos eram classificados como par 4 do que quando eram classificados como par 5. Isso sugere que os jogadores se esforçam mais quando estão jogando para evitar um *bogey* ou, o que é pior, quando estão jogando para manter a pontuação. Por exemplo, um jogador com oportunidade de bater para um escore de 4 será um pouco mais agressivo se o buraco for par 4 do que se for par 5. Quando é um par 5, mesmo que erre o *putt*, ele ainda pode conseguir um par. O desempenho em determinado buraco não importa muito, pois os torneios são vencidos com base na pontuação total mais baixa ao final de 72 buracos. No entanto, os jogadores se preocupam com isso, pelo menos subconscientemente. Os pesquisadores calculam que esse comportamento custa aos jogadores cerca de uma tacada ao longo de um torneio de 72 buracos, o que, para os melhores jogadores de golfe, se traduz em uma perda de 1,2 milhão de dólares de prêmios em dinheiro por ano![21]

O estudo da Wharton observa que seus resultados são compatíveis com a teoria da perspectiva, conceito econômico desenvolvido pelos psicólogos Daniel Kahneman e Amos Tversky em 1979, segundo o qual as pessoas se tornam mais avessas ao risco quando estão registrando ganhos (jogando para *birdies* ou melhor) do que quando estão sofrendo perdas (par ou pior). De fato, vários estudos confirmam que a aversão à perda afeta desempenhos em uma ampla variedade de áreas, do atletismo a investimentos e negócios. O pensamento humano é frequentemente influenciado pela aversão à perda, de modo que reduzir ou eliminar o risco de perder se torna mais importante do que aumentar a probabilidade de ganhar. Essa característica inerente pode se infiltrar no mindset, com efeitos negativos.

Para combater a aversão à perda, trabalhe para manter o mindset durante todo o desempenho. A conscientização é um bom primeiro passo: saber que a aversão é uma tendência natural que nos leva a jogar para não perder em vez de jogar para ganhar. Peço aos meus clientes que continuem a se concentrar nas táticas, ações e comportamentos que estão levando ao sucesso. Como fazem os Navy SEALs, que são ensinados a se concentrar na missão incansavelmente até que ela esteja concluída. O inimigo é a complacência. Isso é ensinado a eles até que se torne uma segunda natureza e a tendência inata de aversão à perda seja eliminada. Mantenha o pé no acelerador até concluir o trabalho; não se acomode. Jogar para vencer pode ser um clichê, mas é também uma importante característica de mindset de todos os profissionais de alto rendimento com quem trabalhei.

MENTE SOBRE O TEMPLO

Mike Dauro cresceu na Costa do Golfo, no sul do Mississippi, e se mudou para o Oeste quando recebeu uma bolsa de estudos do ROTC (Corpo de Treinamento de Oficiais da Reserva) na Universidade do Colorado em Boulder. Ingressou na equipe mais exclusiva do campus: os Tratadores do Ralphie. Trata-se de uma equipe de estudantes-atletas responsável pelo mascote da universidade, um búfalo chamado Ralphie. Além de cuidar dele, levam-no a vários eventos e o acompanham em uma barulhenta corrida ao redor do campo antes de cada jogo de futebol em casa. Correr ao lado de um búfalo a galope é perigoso, e fazer parte dessa equipe preparou Mike para perseguir seu sonho de se tornar um Navy SEAL.

Mas não foi fácil. A inscrição de Mike para os SEALs foi rejeitada três vezes até ser aceita. Quando chegou ao BUD/S, ele tinha o mindset certo. "Quando entrei, não havia dúvida de que conseguiria passar pelo treinamento e entrar na comunidade SEAL. A desistência nunca passou pela minha cabeça."

Mike foi bem-sucedido, formou-se no BUD/S e fez sua carreira militar como SEAL. Seu maior aprendizado com a experiência? O mindset.

"Você pode ser a pessoa mais bem preparada fisicamente, mas durante o treinamento do BUD/S seu corpo, seu templo, será destruído. Aquele belo templo que você construiu será demolido. Quando isso acontece, você precisa depender do que está acontecendo do pescoço para cima. Se observar o treinamento, verá momentos em que os caras estão mentalmente abatidos. Esse grão de areia se transformará em uma montanha se eles não agirem de imediato. O condicionamento mental é mais importante que o templo. A capacidade de perseverar nesses momentos é o que procuramos em alguém que será destacado, pois em uma missão será preciso contar com o mindset de nunca desistir, nunca decepcionar os colegas."

Mike tem sua própria versão de mindset de crescimento: "Há três aspectos que avalio constantemente. Estou me desenvolvendo? Estou fazendo os outros crescerem? Estou fazendo a equipe crescer?" Ele se lembra de ter usado esse mindset em uma missão no Afeganistão. Ele e a equipe passaram quase um ano em um vilarejo afegão aconselhando os moradores e as tribos sobre como poderiam trabalhar melhor juntos. Não era uma missão de combate típica; os SEALs tiveram que trabalhar com os habitantes locais, compreendê-los e conquistar a confiança deles. "Alguns colegas em outros vilarejos não gostaram dessa missão porque não a viam como SEAL. Eu tinha um mindset diferente: esta é a nossa missão e os limites com os quais temos que trabalhar. Aceitem as circunstâncias e se adaptem. Ensinei isso ao nosso pelotão e fiz o possível para liderar pelo exemplo. Podemos ser bem-sucedidos. Podemos trabalhar dentro dos limites para fazer desta a nossa missão SEAL."

Mike desenvolveu o mindset de crescimento que aprendeu durante seus anos pajeando Ralphie e como SEAL para transformar a abordagem da equipe. "Muitos rapazes se alistaram para a ação direta, voando para uma missão todas as noites. Para eles, uma missão dos SEALs é isso. Fizemos algumas missões assim, mas só fomos a equipe mais bem-sucedida porque nosso mindset era realizar trabalhos como aquele como uma missão SEAL. Fizemos isso adaptando o mindset."

DISCIPLINA MENTAL
PLANO DE AÇÃO – MINDSET

O MINDSET É UMA ESCOLHA.
PARA ESCOLHER E PRATICAR A SUA:

Observe e selecione as características de mindset correlacionadas com o sucesso em cada uma de suas várias funções.

Ative o mindset escolhido permanecendo "no círculo" do que está sob seu controle: atitude, esforço e comportamento.

Para ativar seu mindset por meio da atitude, observe e modifique a forma como fala consigo mesmo, substituindo deliberadamente os sentimentos negativos e irracionais por outros positivos e racionais.

Para ativar seu mindset por meio do esforço, esforce-se mais. Acompanhe e melhore seu quociente de esforço elevando a frequência com que escolhe o esforço em vez do tempo improdutivo.

Para ativar o mindset por meio do comportamento, adote práticas que o ajudem a incorporar esse mindset: rotinas pré-desempenho, hábitos diários, linguagem interna e externa alinhadas e a companhia de pessoas com o mesmo mindset.

Para praticar o mindset, saia das situações em que se sente seguro e corra mais riscos, de modo a aprender e também a se recuperar.

Para mudar o mindset quando mudar de função, desenvolva e pratique um ritual ou rotina de transição.

Quando estiver se aproximando do sucesso, lembre-se do mindset que o levou até ali. Pense na tendência humana de jogar para não perder.

CAPÍTULO 5

Processo

O que importa é o tempo e a intensidade que você dedica a seu trabalho e seu processo. Você não precisa ser tão perfeito quanto imagina, mas o mindset precisa ser agressivo.

– Rich Hill, arremessador na Liga Principal de Beisebol

Como parte da rotina normal de treinamento, os Navy SEALs passam pelo chamado Combate Corpo a Corpo (CCC). Esse treinamento simula o que os SEALs podem encontrar em prédios em território hostil. Tudo é realizado em um grande labirinto, com corredores, paredes e salas dispostas de modo a simular residências e/ou escritórios. Durante o CCC, pequenas equipes de SEALs ("trens", na linguagem dos SEALs) entram em prédios e salas com o objetivo de eliminar inimigos e proteger aliados. Silhuetas de papelão representando mocinhos e bandidos são espalhadas pelo local, dando aos SEALs a oportunidade de, sob pressão, decidir se devem ou não atirar. Eles são avaliados pelos instrutores e líderes com base em tática, velocidade, precisão, capacidade para fazer distinções, comunicação e trabalho em equipe.

Nos anos em que fui o principal psicólogo de desempenho das equipes do SEAL na Costa Oeste, era minha função ajudá-los com o CCC. Eu observava os exercícios de uma passarela com vista para a estrutura, monitorando as métricas fisiológicas de cada soldado por meio de um tablet. Isso me ajudou a verificar se os métodos ensinados para controlar as respostas ao estresse estavam funcionando. Como eles estavam se adaptando a situações de ação ao vivo com munição real? Com esse feedback, eu lhes ensinaria mais tarde técnicas de controle de excitação (que abordaremos em detalhes no próximo capítulo). Eu usava sempre um uniforme de camuflagem com um colete de Kevlar à prova de balas. Estava protegido também pela certeza de que os melhores operadores do mundo não atirariam acidentalmente em seu psicólogo.

Certo dia, em 2010, uma equipe de soldados das forças especiais de um dos aliados dos Estados Unidos estava conduzindo sua versão de CCC em uma ala adjacente ao prédio do CCC. Cerca de uma hora após o início da sessão de treinamento, os tiros pararam de repente e se ouviram muitos gritos. Um dos membros da equipe correu até nós e perguntou se nossos médicos poderiam ir dar uma olhada. Fui junto. Um dos soldados estava sentado em uma cadeira, irritado e discutindo acaloradamente com seus companheiros de equipe. Ele não parecia estar sentindo dor, apesar do ferimento a bala na perna: com entrada na coxa e saída um pouco abaixo, perto do joelho. Não havia muito sangue: a bala entrara em sua pele e seguira um milagroso caminho subcutâneo, descendo pela perna sem atingir nenhum músculo, veia ou artéria importante. Em se tratando de ferimentos desse tipo, dificilmente poderia haver um mais limpo. Mesmo assim, deve ter doído.

Aquele soldado altamente treinado e habilidoso havia atirado sem querer na própria perna ao sacar a arma do coldre, que era um pouco diferente do que ele costumava usar. Esse teria sido o motivo do disparo. Uma pequena alteração no equipamento colidiu com centenas de horas de memória muscular e padrões incorporados. O resultado foi um gatilho acionado acidentalmente. O soldado logo se recuperou, tendo aprendido uma valiosa lição sobre processos e mudanças.

Profissionais de alto gabarito são eficientes e consistentes. Seguem rotinas em praticamente tudo que se relaciona ao desempenho: prática, alimentação, descanso e relaxamento. Concentram-se na preparação e na confiança, e aproveitam o processo para obter desempenho. Eles conhecem o processo; não improvisam. Os pilotos mais experientes esquadrinham um checklist antes do voo, não só por escrito mas também mentalmente. Os processos podem ser complicados: até profissionais experientes correm o risco de pular ou errar uma etapa aqui ou ali se não tiverem tudo documentado.

Os profissionais de alto gabarito são extremamente exigentes quanto à manutenção da consistência e só modificam seus processos de forma gradual e cuidadosa. Quando recebem um novo equipamento, praticam muito com ele antes de trabalhos importantes, pois querem se sentir à vontade com quaisquer mudanças sutis em seu funcionamento, rotinas e processos antes de entrarem em cena quando chegar a hora. O tiro na perna foi um exemplo visceral de como é importante que os profissionais entendam os detalhes de qualquer nova rotina ou processo antes de sua apresentação "ao vivo". Seja uma apresentação de slides diferente, um computador diferente, um lugar diferente, um equipamento esportivo diferente ou um coldre diferente, qualquer mudança no processo sem a respectiva prática pode levar a resultados ruins. Como dar um tiro na própria perna.

Os processos mais criteriosos ajudam os profissionais de alto rendimento a gerenciar o tempo, as informações e as mudanças (no equipamento, na técnica, no design, no conteúdo, na saúde, no condicionamento físico e no próprio processo). Um bom processo de gerenciamento de tempo ajuda as pessoas a aproveitar melhor suas 24 horas diárias. Um processo de informações as ajudará a priorizar as valiosas e a filtrar ruídos. Uma abordagem sólida para mudanças as ajudará a evitar o erro de tomar decisões precipitadas e de reagir de modo exagerado. Os profissionais de elite desenvolvem seus processos deliberadamente. E gerenciam o tempo com cuidado para aproveitar ao máximo suas 24 horas. Eles também monitoram com cuidado a entrada de informações, usando fontes confiáveis e ignorando as demais, de modo a obter conhecimentos de alta qualidade a respeito de si mesmos e de seu desempenho. Além disso, fazem mudanças com cuidado, usando dados e muita discussão para evoluir até um novo estágio.

Isso funcionaria para você? Pense em suas próximas férias. Como vai planejá-las? Para começar, você provavelmente fará uma pesquisa sobre o local que deseja visitar. Qual seria a melhor época do ano? Como estará o clima? Quais são os melhores lugares para se hospedar? O que é bom fazer lá? Você fará pesquisas, lerá resenhas e artigos, comparará preços e reduzirá suas opções até conceber um plano. Em outras palavras, seguirá um processo cuidadoso para chegar ao resultado ideal: uma boa viagem de férias para você e seus familiares ou amigos. Digamos que algo surja no último minuto – um evento em outro lugar do qual você queira participar. Você desistirá de tudo, descartará seu plano e mudará seu destino? Provavelmente não. Poderá ajustar o itinerário, adicionar ou subtrair um dia aqui ou ali, mas, após ter seguido um processo metódico para criar uma viagem fantástica, seria necessário algo muito maior para que a descartasse completamente.

Muitas pessoas com quem trabalhei tinham um processo melhor para planejar suas férias do que para subir na carreira ou melhorar o desempenho. Podemos mudar isso de modo que os processos de desempenho se tornem arraigados, oferecendo feedback de alta qualidade e informando mudanças calculadas. O resultado é que, quando dizemos "Confie no processo", os profissionais de fato confiam.

Rich Hill ficou feliz em 2007 quando foi o arremessador titular do Chicago Cubs no terceiro jogo da série de *playoffs* contra o Arizona Diamondbacks. Ele passou muitos anos como arremessador. Eu tive oportunidade de conhecê-lo e trabalhar com ele em sua passagem pelos Dodgers, de 2016 a 2019. Relembrando aquele *playoff* de 2007, ele diz: "Eu estava feliz por jogar em uma das grandes ligas (existem duas nos Estados Unidos: a Liga Nacional e a Liga Americana), mas estava muito preocupado com o resultado. Perdi a noção do momento e do que estava fazendo." Ele só conseguiu chegar à quarta entrada do jogo, perdendo três corridas e sofrendo uma derrota. E os D'Backs acabaram vencendo a série contra os Cubs.

Rich atribui a derrota ao fato de ter um mindset focado nos resultados, não no processo. Ele começou a se voltar para o processo por volta de 2010, bem antes de me conhecer. "Desenvolvi uma intensidade totalmente diferente em mim, um foco no momento, a convicção e a confiança de que tudo vai se encaixar. E faço tudo da forma mais simples possível." Ele costuma se referir ao momento em que a bola sai de sua mão. É algo que ele pode controlar, junto com cada etapa do processo de arremesso.

"Todo mundo tem talento, a diferença é o que você vai fazer para melhorar", diz Rich. "A ideia é melhorar 1%. No nível da liga principal, já é muito. O que importa são o tempo e a intensidade que você dedica ao trabalho e ao processo. Os jogadores mais jovens se preocupam em ser perfeitos. Você não precisa ser tão perfeito quanto gostaria, mas o mindset tem que ser agressivo."

O que ele diria a si mesmo em 2007? "Reúna a intensidade e a coragem e vá em frente. Você pode fazer tudo certo e mesmo assim ter um resultado negativo. Quando algo não sai bem, é ruim, mas é muito pior quando você não se esforça."

AS MESMAS 24 HORAS

Observe os melhores profissionais do mundo em qualquer área. O que eles têm diferente de você? Talvez atributos físicos e intelectuais surpreendentes, talentos bem aperfeiçoados, personalidades poderosas (algumas boas, outras nem tanto), carisma, boa aparência, fama e fortuna. Tudo bem. Mas e quanto ao que de fato importa – a principal moeda conhecida pela humanidade? Quanto ao tempo, não há diferença entre eles, você e eu. Você tem as mesmas 24 horas que a Beyoncé tem. O que teoricamente é verdade, mas na prática não. A Beyoncé e outras pessoas muito ricas contam com muita ajuda para as tarefas diárias, como limpar a casa, cozinhar e se deslocar em jatos particulares para a ilha de St. Barts, no Caribe. Portanto, vamos alterar a afirmação para "Todos nós temos 24 horas por dia, exceto a Beyoncé e pessoas como ela, cujo dinheiro lhes proporciona mais tempo." A grande maioria das pessoas com quem trabalho, de SEALs a atletas, líderes empresariais e socorristas, é mais parecida conosco – pessoas comuns para as quais 24 horas são mesmo 24 horas – do que com as Beyoncés do mundo.

Passamos uma parte desse tempo dormindo, cerca de oito horas por dia, caso você siga as diretrizes de saúde mais aceitas. O que nos deixa 16 horas acordados. (Muitas pessoas dormem rotineiramente menos de oito horas e algumas conseguem até manter o desempenho máximo vivendo com esse déficit crônico, mas a maioria acaba pagando um preço no desempenho e em outros aspectos importantes da vida.)

Portanto, este é o seu orçamento: 16 horas por dia. Como você vai gastá-las?

Uma das minhas primeiras solicitações quando começo a trabalhar com novos clientes é que eles me mostrem suas agendas. Quase sempre encontro espaços em que nada está programado. Quando pergunto, a resposta usual é que esse tempo é usado para colocar a conversa em dia, fazer exercícios ou estar com a família.

E você? Abra agora mesmo sua agenda. Vamos dar uma olhada na semana passada. Escolha um dia: está cheio de atividades e compromissos? Ou há espaços em branco? Se você for como a maioria de meus clientes no início do trabalho, a resposta é a última.

Você tem uma carteira neste momento? Que tal abri-la, tirar um punhado de dinheiro e jogá-lo em uma lata de lixo? Se você não usa mais dinheiro em espécie, pegue o celular para enviar algum dinheiro – um valor que faça falta – para o espaço, para nunca mais ser visto. É isso que você está fazendo com esses espaços em branco na agenda: jogando fora seu tempo, sua moeda mais valiosa. Você não joga fora um punhado de notas, mas pode deixar uma hora, numa tarde de quarta-feira, sem programação. É claro que você fará *algo*, mas isso poderá ser ditado por diversos fatores: falar com alguém que ligar, ler um alerta que aparece no celular ou o e-mail no topo da sua caixa de entrada. Isso é esperar que a vida lhe diga o que é importante. Esse espaço em branco na agenda é preenchido pelo que estiver na mente no momento.

O aprendizado da excelência exige que você aproveite seu dia ao máximo. Isso significa escolher como usar cada minuto – o que é uma característica marcante dos profissionais de alto rendimento com quem trabalhei: são todos muito bons em administrar o tempo. Apesar de terem mais demandas do que a maioria das pessoas, são melhores em todos os aspectos de suas vidas. Constituem um paradoxo, pois são as pessoas mais ocupadas e também as mais eficientes. Daí o velho ditado: "Se você quer que algo seja feito, entregue a tarefa a uma pessoa ocupada." Por quê? Porque ela administra melhor o tempo.

Diversas pesquisas mostram que o gerenciamento eficaz do tempo também contribui para o bem-estar. Uma metanálise desses estudos, feita em 2017, concluiu que "descobertas experimentais e não experimentais sugerem que a administração do tempo pode melhorar a qualidade de vida, reduzir o estresse, aumentar a satisfação no trabalho e aprimorar outras facetas do bem-estar".[1]

Ted Brown, o executivo da Lockton, disse que sua agenda é parte essencial do seu desempenho de alto nível. "Antes de sair de casa pela manhã, sei o que o dia me reserva. Planejo minhas semanas, meses e anos da mesma forma. Há um ritmo para cada semana. Na segunda-feira, minhas equipes e eu nos organizamos. De terça a quinta preparamos novas iniciativas e sexta-feira recapitulamos e fazemos o encerramento. Também há um ritmo nos dias. Acordo e medito por dez minutos. Vou fazer ginástica. Volto para casa, preparo o café da manhã para meus filhos e os ajudo a ir para a escola. Tomo uma ducha, com a água mais fria possível durante cinco minutos. Isso estimula meu cérebro e me faz pensar com clareza. Repito meu mantra, que me mantém lúcido a respeito de quem quero ser, quem sou e a quem estou servindo. Meu melhor momento para pensar é pela manhã – quando programo reuniões com clientes e organizo iniciativas de liderança. A hora do almoço é boa para me reunir com a equipe e as tardes são mais orientadas para as tarefas."

A agenda de Ted reflete seus valores e o equilíbrio que ele busca na vida. Ele inclui exercícios físicos – "Tenho que amansar a fera fisicamente para acalmar a mente" –, meditação e tempo com a família. E se atém a isso: "Minha rotina é sagrada. Sou quase maníaco em mantê-la."

O sistema de Ted para gerenciar seu tempo é um sistema que eu criei na Marinha, trabalhando com os SEALs e com muitos profissionais de alto nível. Certo dia, estava dirigindo para o trabalho, meio apressado e preocupado com o trânsito. De repente me dei conta de que todos os profissionais de alto rendimento com quem trabalhava eram muito bons em gerenciamento de tempo. Dormiam bastante, mas mesmo assim pareciam dispor de mais horas no dia do que a maioria das pessoas, como se nunca ficassem retidos no trânsito nem estressados ou ansiosos. Então me comprometi a aperfeiçoar o uso das minhas 24 horas, criando meu próprio sistema. Agora, todos os domingos à noite pego minha agenda e analiso os dez dias seguintes. Identifico os espaços em branco e os preencho com tarefas ou atividades, com coisas que valorizo. Acho que dez dias é o período certo para planejar com antecedência. Sei quais são minhas prioridades para a próxima semana e meia; e, se ainda houver tempo livre na agenda, sei como preenchê-lo da melhor forma possível. Não é preciso ser muito ambicioso – você verá algumas anotações de "Colocar os e-mails em dia" na minha agenda. Programo também o tempo para meditação, reflexão, atualização das tarefas administrativas ou leitura de notícias. O importante é preencher o tempo intencionalmente e anotar tudo. É mais provável que façamos aquilo que anotamos. Todos os domingos preencha os espaços em branco com anotações.

Mas a vida segue seu curso, certo? Qualquer agenda precisa ser flexível. Uso um código de cores para me ajudar. Durante as revisões da agenda aos domingos, após preencher os espaços em branco, volto e verifico se todos os intervalos estão codificados por cores: verde, amarelo ou vermelho. Os eventos verdes são mais flexíveis – podem ser movidos ou até cancelados se surgir algo mais importante. Os amarelos também são flexíveis, mas só os altero se for absolutamente necessário. Quando o evento for vermelho, é quase sagrado, tem precedência sobre praticamente qualquer outro que possa surgir. Os verdes são, por exemplo, assuntos administrativos, reuniões de rotina, tempo para pensar ou planejar algo. Para o amarelo, pense em consultas médicas ou odontológicas de rotina, reuniões internas, almoços com amigos. A cor vermelha pode ser um jantar de aniversário, reuniões com clientes para concluir um projeto importante dentro do prazo. As cores e o modo como você as utiliza são subjetivos.

Tenho certeza de que meu sistema não é revolucionário e que deve haver muitos outros igualmente bons. Mas o que não é tão bom é o que muita gente faz. Talvez Ted Brown esteja sendo um pouquinho exagerado quando diz que "espaço em branco é a morte" – há quem viva até a velhice com espaços em branco nas agendas. Mas espaços em branco são uma porta de entrada para a procrastinação e o desperdício de tempo, que podem prejudicar o desempenho.

Neste momento, muitos de vocês estarão balançando a cabeça. Você tem razão, Eric. Vou examinar minha agenda e eliminar os espaços em branco. Mas outros podem estar pensando: "Eu gosto dos meus espaços em branco! Eles me dão tempo para relaxar, me divertir. Não quero preencher tudo. Quero ser dono da minha agenda, não escravo dela."

Ao que eu digo: por que não? Você terá tempo para se distrair, assistir a vídeos, ler ou fazer algo divertido e sem preocupações. Na verdade, você poderá dispor de mais tempo livre se programá-lo. Colocar algo na agenda torna aquilo uma escolha. Também nos ajuda a lembrar de fazer tudo que é preciso e que, de outra forma, provavelmente esqueceríamos. Para ajudar as pessoas a superarem suas desconfianças, peço que preencham apenas parte dos espaços em branco. Quando percebem como o sistema funciona bem, elas costumam se dedicar ao máximo.

Outra dúvida comum diz respeito a como lidar com os imponderáveis. No mundo da programação de computadores, um sistema orientado para interrupções é aquele em que um componente sinaliza a outro que precisa fazer algo ou que concluiu uma tarefa. O componente que é alvo da sinalização pode interromper o que está fazendo e agir de acordo com a solicitação. Ou seja, um componente diz a outro que pare e preste atenção.

As pessoas também são orientadas para isso por outra coisa. Somos como Dug, o cachorro falante do filme *Up: Altas aventuras*, quando vê um esquilo. Você está fazendo o seu trabalho quando aparece algo que interrompe sua atividade – um esquilo! Em vez de ignorar a interrupção, você a torna sua prioridade máxima.

O sistema de codificação por cores que concebi lida muito bem com as interrupções, pois quando alguém as recebe, já priorizou seus blocos de tempo. No meio de um compromisso verde? Pode ser interrompido. Amarelo ou vermelho? Provavelmente não pode, mas talvez encontre um horário mais adiante. Nenhum sistema é perfeito e, muitas vezes, você precisará fazer uma reflexão. Vale a pena adiar a consulta com o dentista para atender ao chefe? Sim. Vale a pena perder a festa de aniversário do filho? A decisão é sua, mas para mim a resposta é não. Independentemente de como você estabelece prioridades, ter uma agenda "intencional" lhe dará uma estrutura para gerenciar as interrupções inevitáveis, permitindo mais controle sobre elas.

Alex Krongard tem uma metáfora útil para quando se trata de priorizar interrupções. Ele se aposentou da Marinha como contra-almirante após uma carreira de 31 anos, a maior parte com os SEALs, incluindo passagens como comandante da Equipe 7 dos SEALs e como membro da equipe naval do Conselho de Segurança Nacional. Quando falamos sobre como gerenciar o tempo, Alex pensa em uma metáfora sobre barcos que aprendeu com o pai. Se houver um buraco no casco, é importante saber se está acima ou abaixo da linha-d'água? Sim! Se estiver acima, o barco não corre risco imediato de afundar. Se estiver abaixo, é hora de começar a bombear água para fora. Alex costuma usar este critério: Está acima ou abaixo da linha-d'água? Acima significa que há tempo. Ou seja, se você estiver em um horário de código verde, poderá ter tempo para resolver o problema. Amarelo ou vermelho, provavelmente não. Quando a interrupção está abaixo da linha, você precisa agir. Acontece que poucos acontecimentos estão abaixo da linha-d'água.

O local em que você traça a linha está ligado aos processos de definição de metas sobre os quais falamos no Capítulo 3. Ao rever a agenda no domingo à noite, sempre tenho minhas metas em mente. O que pretendo realizar nos próximos dez dias? As metas de curto prazo ficam bem arquivadas na mente e em nenhum outro lugar, mas muitos dos profissionais que oriento escrevem as suas e as atualizam junto com as agendas. Victor Zhang, por exemplo, é diretor de investimentos e vice-presidente sênior da American Century Investments, uma grande empresa global de gestão de ativos. Ele mantém uma planilha atualizada com suas metas para um, três e seis meses em todos os aspectos de sua vida: trabalho, saúde, família, espiritualidade, hobbies e amigos. Quando está trabalhando na agenda e em projetos futuros, consulta a planilha. "Todas as semanas dedico algum tempo a planejar o que farei hoje, o que posso delegar e o que farei mais tarde ou nunca", diz. Ele vai um passo além com as metas e os planejamentos: "Ando com duas agendas, uma profissional e outra pessoal. Eu as uso para manter o controle das metas de curto prazo. Gosto da sensação de rabiscar no papel."

Isso pode parecer contraintuitivo, mas a abordagem disciplinada do gerenciamento do tempo que profissionais de alto rendimento, como Ted, Alex e Victor, praticam acaba reduzindo o estresse. Descobri que, quando concluo a revisão da agenda no domingo, posso relaxar. Na verdade, é o que programo na minha agenda! Não fico sobrecarregado com o que terei de fazer, pois sei que durante a próxima semana e meia estarei preparado para aproveitar ao máximo minhas 24 horas por dia. Quando acordo, tenho menos decisões a tomar, pois sei o que meu dia reserva e como usarei meu tempo. Quando surge algo, não há problema; tenho um processo para reagir e me ajustar de modo a não deixar que questões pequenas me distraiam das importantes. Reservei tempo para cuidar de mim e da família, e para aproveitar a vida que construí com tanto cuidado. É um nível de tranquilidade que poucas pessoas parecem ter.

O TESTE DO BARISTA

Há alguns anos, estava trabalhando com um atleta conhecido, que compete em um esporte que aparece com frequência na TV. Ele vinha tendo dificuldades nos jogos, o que não é incomum, mesmo para os melhores atletas. Certa manhã, em meio ao período ruim, entrou em uma cafeteria antes de ir para o treino e foi reconhecido pelo barista. Até aí, nada de mais.

Sem mais nem menos, o barista começou a falar sobre problemas no desempenho de meu cliente. Ele revelou que, durante o ensino médio, praticara o mesmo esporte. Isso aparentemente fazia dele um especialista. Ele vira meu cliente havia pouco tempo na TV e sabia exatamente qual era a questão. Entre receber o pagamento e trazer o café, o barista sugeriu o que meu cliente deveria fazer diferente. Posicione as pernas assim, comece o movimento assim e aqui está seu café com leite. Tenha um bom dia!

Meu cliente entrou no carro e retomou o trajeto para o treino. Enquanto dirigia, pensou muito no que o barista lhe dissera. Quando chegou, correu para um treinador e insistiu para fazer mudanças na sua técnica. Não é que o barista tinha razão? Aquilo foi a chave para interromper a fase ruim. Prevaleceu o ensinamento de alguém que estava distante do problema.

A melhor forma de revisar e ajustar as técnicas daquele atleta seria confiar em dados e percepções de fontes bem qualificadas. O barista não era um expert; um ex-jogador do ensino médio não está qualificado para dizer a um atleta de alto nível como ele deve mudar seu jogo. Além disso, suas ideias se baseavam em um conjunto muito pequeno de observações. Vi seu jogo ontem à noite e tenho uma ideia de como mudar sua técnica? Não parecia um bom plano. Os treinadores mostraram a meu cliente outras informações – vídeos, dados, análises, tentativas anteriores – para que confiasse na opinião deles, não na do barista. Mas ele insistiu e acabou voltando aos trilhos. Seu jogo melhorou sem parar a partir dali.

(Para ser justo com o barista, provavelmente ele ouve o tempo todo ordens de como deve fazer seu trabalho. Não deixe o café muito quente, mais espuma – epa, um pouco menos de açúcar. Passe algum tempo em uma Starbucks e você ouvirá muitas orientações! Elas fazem sentido, pois as pessoas sabem como gostam de suas bebidas melhor que o barista. Mesmo assim, deve ser cansativo.)

Todos os profissionais com quem trabalhei, em diversas áreas, seguem algum processo em sua carreira. Esses processos, com suas rotinas, os ajudam a gerenciar os treinamentos, a nutrição, o aprendizado, os relacionamentos, as viagens, as comunicações... praticamente todos os aspectos de suas vidas. Com você não deve ser diferente: é um profissional e segue rotinas para obter sucesso. A maioria dos indivíduos, inclusive muitos dos profissionais de alto nível com quem trabalhei, começa com um processo concebido a partir de diversas informações. Eles podem estabelecer uma rotina de práticas no ensino médio, uma rotina de estudos na faculdade e uma de trabalho no primeiro emprego. O processo pode ter sido cuidadosamente construído a partir de anos de experiência ou pode ser algo que aconteceu. Você está vivendo sua vida, quando – quem diria? – percebe que tem um processo. Pode não ter sido intencional, mas as etapas que você segue antes, durante e depois de uma apresentação estão todas lá. Não preciso aconselhar você, nem nenhuma outra pessoa com quem eu trabalhe, a estabelecer um processo; você já o tem. O importante é melhorar esse processo para melhorar seus resultados.

Confie no processo e os resultados aparecerão. Mas o processo não é estático: para chegar ao desempenho ideal, precisa ser repetido. Siga o processo, acompanhe os resultados, aprenda, ajuste e repita.

Para isso, é preciso ter boas informações. Só que hoje, mais do que nunca, há muito ruído no mercado. Em termos científicos e de engenharia, nossa relação sinal-ruído é muito baixa. A internet deu voz a bilhões de pessoas e nossos telefones e outros dispositivos nos entregam uma cacofonia de opiniões 24 horas por dia. Portanto, a primeira etapa para ajustar seu processo de modo a melhorar constantemente é descobrir as fontes de informação em que você pode confiar (sinal) e quais deve ignorar (ruído). As fontes confiáveis devem ser avaliadas, com conhecimento e experiência suficientes, de modo a colocar seus interesses em primeiro lugar. E o feedback que proporcionam deve ser baseado em evidências comprovadas.

"TALVEZ VOCÊ QUEIRA OUVI-LO"

Pete Naschak viajou pelo mundo durante sua carreira como Navy SEAL. Certa vez, no Iraque, viu um colega conversando com um experiente aliado iraquiano. O jovem SEAL tinha entregado uma lista de instruções ao iraquiano, que tentava lhe explicar por que algumas delas não funcionariam naquela situação. Ambos já estavam ficando exasperados quando Pete entrou na conversa. "O SEAL era novo, tinha acabado de ser destacado", lembra. "Perguntei: quantas missões você já fez aqui? Quantas de combate real? A resposta foi: nenhuma. Então perguntei ao iraquiano e ele respondeu que havia participado de cerca de duzentas missões. Então eu disse ao jovem SEAL: 'Talvez você queira ouvi-lo. Ele pode saber do que está falando.'"

Embora provavelmente não usasse esse tipo de linguagem, Pete estava aplicando, em tempo real, os princípios da filtragem de informações. Ao avaliar a situação, ele concluiu que o soldado iraquiano era muito mais experiente – e portanto uma fonte de informações mais confiável – do que o americano, ainda inexperiente. "Cada missão é diferente", diz Pete. "Deve-se ter cuidado ao executar um modelo. É preciso pensar além do treinamento e entender o ambiente real. Dê um passo atrás, ouça, observe, preste atenção e saiba o que de fato está acontecendo. Costumo perguntar o que já aconteceu antes, algo que me ajuda a criar uma estrutura de compreensão. Faço sempre muitas perguntas para descobrir quem está mais bem informado." Este era um componente-padrão do processo utilizado por Pete no início de cada missão: buscar fontes de informação e examiná-las para determinar quais eram confiáveis. No caso, o soldado iraquiano, muito mais experiente.

Profissionais de alto rendimento criam um mapa de confiança composto por todas as informações disponíveis. Na verdade, todos nós fazemos isso. Existem as fontes de notícias que conhecemos, como o *The Wall Street Journal*, a Fox News, a BBC, a Al Jazeera, a CNN, os influenciadores das mídias sociais, um blog favorito, um canal do YouTube, um podcast favorito, o site do jornal local. E as que não conhecemos, como o caçador de cliques aleatório que aparece no seu *feed* com detalhes sobre alguma história obscena que você não precisa ouvir (mas às vezes clica nela mesmo assim). Esse conjunto de informações e entretenimento que consumimos está repleto de elementos bons e ruins. Todo mundo tem uma opinião: a mídia (redes sociais e mídia tradicional), os sites, sua família, seus amigos, seus colegas e os baristas. A ideia é identificar e separar o que tem credibilidade. Pense em uma fonte que costuma lhe proporcionar um bom e sólido feedback. Você está em contato com ela regularmente?

Comece com as pessoas que você escuta. Quais delas têm seu aval para lhe fornecer informações confiáveis? Critérios a serem considerados:

- Lealdade: pessoas comprometidas com seu sucesso tanto nos bons momentos quanto nos ruins. Podem até ter as próprias metas. Por exemplo: seu chefe será mais bem-sucedido se você também for, mas os bons chefes investem igualmente (ou mais) para que você evolua. (Experiência mental: se surgir uma oportunidade perfeita fora de sua função ou empresa atual, seu chefe o incentivaria a aproveitá-la? Se sim, eis alguém que está do seu lado.)
- Sinceridade: pessoas que dirão a verdade do ponto de vista delas, não apenas o que você quer ouvir. Às vezes são duronas, mas têm bom coração.
- Especialização: entendem bem você. Veem as nuances de seu desempenho e de sua personalidade, e conhecem o estado geral de sua vida.
- Disposição para propor desafios: pessoas que estimulam você física, espiritual e intelectualmente.

Ao analisar essa lista de critérios, você há de concluir que montar um conjunto de fontes aprovadas não é fácil. "Preciso de uma equipe de pessoas que não só sejam leais e sinceras, mas também especialistas em minha área?" Isso acontece naturalmente com atletas, que têm acesso a treinamento especializado desde o início da adolescência. Para os outros, é mais difícil. Uma opção é contratar profissionais, como personal trainers ou coaches executivos. Também aconselho as pessoas a buscarem mentores, profissionais que sejam especialistas no assunto – além de conhecerem você e seu histórico. Colegas antigos ou atuais, em princípio, são ótimas opções. Almoços regulares com um colega podem se transformar em uma relação mais formal de coaching, em que ambos se aconselham e se ajudam. Além disso, grupos e fóruns de negócios podem ter membros com experiências e desafios semelhantes.

Ao formar sua equipe de coaches, mentores, amigos e familiares de confiança, cobre responsabilidades. Lembre-os do papel deles e peça que corram atrás das informações de que você precisa. Esse é o trabalho de alguns indivíduos, como coaches e gestores. Outros (amigos, familiares, mentores) às vezes precisarão ser lembrados de que você valoriza e precisa de opiniões sinceras. Não tenha medo! Embora todos nós conheçamos pessoas que nunca hesitariam em dizer o que pensam, também conhecemos outras que o fariam. Após examinar suas fontes, peça sempre uma opinião sincera. Elas não o ajudarão se tudo que fizerem for elogiá-lo e concordar com suas opiniões.

Todos nós temos muitas fontes de mídia. Em quais você pode confiar? Use os mesmos critérios de avaliação de uma pessoa: se são leais, sinceras, especializadas e propõem desafios. Pode ser útil perguntar às fontes que está avaliando (as pessoas) o que elas leem e em que confiam. E perguntar a si mesmo: quais delas despertam sua vontade de aprender? Revise periodicamente suas fontes de mídia para eliminar as que estão desperdiçando seu tempo ao fornecer mais ruído do que sinal.

Assim como muitas pessoas dispõem de processos por meio dos quais conduzem suas vidas, outras já têm uma rede de fontes que as suprem de informações. Essas fontes, em sua maioria, evoluíram organicamente, sem muita reflexão e intenção. Reserve algum tempo para examinar (ou revisar) suas redes avaliando quanto confia nelas. As informações que oferecem são o combustível para seu aprimoramento constante.

Mas até fontes confiáveis podem fornecer feedbacks inválidos. Seus pais talvez o conheçam melhor do que ninguém. Provavelmente colocam sua felicidade e bem-estar acima de tudo. Sempre lhe darão uma resposta direta, seja qual for a situação. Mas você pede conselhos a eles sobre um namoro? Ou para saber como fazer uma boa apresentação? Eles são ótimas fontes de informação, mas nessas situações podem não ser interlocutores válidos. Quando dizem que seu último projeto está ótimo e logo perguntam por que você não se casa e tem filhos, não estão se baseando em evidências ou conhecimentos, e sim no desejo de ter netos.

Isso se aplica ao feedback pós-desempenho (ou pós-encontro), quando emoções estão à flor da pele, as opiniões estão fluindo mais soltas e, portanto, é mais provável que suas fontes confiáveis lhe ofereçam uma resposta inválida. Não se esqueça disso! Garanta que o feedback recebido se baseie em evidências (testemunharam o desempenho) e na experiência (sabem do que estão falando). O mesmo se aplica à autoavaliação. Uma conversa interior negativa pode atingir o pico após um desempenho, com muitos "Você deveria!". Portanto, pode não ser o melhor momento para uma análise objetiva. A maioria dos profissionais com quem trabalhei tem uma rotina fixa para avaliar seu desempenho após uma apresentação: reservam um tempo longo o suficiente para que as emoções se estabilizem, mas não a ponto de esquecerem os detalhes. Também acalmam a conversa interior antes.

Alex Myers é um competidor profissional de esportes eletrônicos e ex--contratado da Red Bull. Seu jogo preferido é o *Street Fighter*. Alex se apaixonou por jogos quando era criança e sua mãe lhe deu um console. Ele começou a competir na adolescência. Hoje, além de fazer seu trabalho diário como agenciador de talentos, viaja pelo mundo jogando *Street Fighter* e, como ele diz, "dando porradas". (Presumo que esteja se referindo ao jogo. Alex é um cara legal demais para brigar por aí.) Eu o conheci num Acampamento de Desempenho Sob Pressão e comecei a trabalhar com ele em seguida. Ele estava com uma tendinite e queria reformular sua abordagem de treinamento e desempenho.

Antes que Alex e eu começássemos a trabalhar juntos, ele relatou como ficava após perder uma partida: "Não gostava de relembrar detalhes nem de estudar a fita. Achava que era como reviver uma lembrança ruim. Tinha problemas sérios com isso." Ele era uma fonte confiável sobre o próprio desempenho, mas não uma fonte válida. O feedback que dava a si mesmo era baseado mais na emoção (raiva pela derrota) do que nas evidências (análise sobre os motivos da derrota). Trabalhamos nisso e agora, ao fim de uma partida, Alex tem uma rotina para analisar o desempenho. "Faço uma pausa e descanso um pouco antes de começar a processar o que aconteceu. Depois, quando entro em ação, tento analisar *como* perdi (ou ganhei) em vez de ficar ruminando *por quê*. O *porquê* pode ser emocional. O *como* me permite analisar o jogo sem emoção, para aprender com ele."

Penelope Parmes, uma advogada especializada em insolvência, hoje aposentada, é campeã mundial de dança de salão. Também é uma entusiasta da visualização, que praticava muito antes de começarmos a trabalhar juntos. Ela usa a visualização como um componente de sua análise pós-desempenho. Por exemplo, em uma competição de dança, ela e seu parceiro ficaram em terceiro lugar. "Não fiquei feliz, pois senti que era (ou poderia ser) melhor que os casais que ficaram à minha frente. Fiquei desanimada. Na rodada seguinte, observei como eles dançavam e tentei identificar o que faziam diferente de mim. Em seguida, visualizei como eu dançava. Consegui me observar como uma terceira pessoa e comparar meu desempenho com o deles. Foi assim que vi o que tinha feito, o que não tinha feito e por que eles tinham dançado melhor", diz. Trata-se de um processo mais elaborado que o de Alex, mas a intenção é a mesma. Uma das melhores fontes de feedback após uma apresentação é você mesmo. Mas primeiro é preciso tomar as medidas necessárias para assegurar que esse feedback seja válido, orientado por evidências objetivas e não por monólogos emocionais.

QUANDO MUDAR

O *wakeboard* profissional é mais intenso e atlético do que o que se vê em lagos, lagoas e praias nos fins de semana. Os profissionais são rebocados a uma velocidade em torno de 40km/h e aceleram até o dobro disso para iniciar uma manobra. Em seguida se lançam para o ar, dão saltos duplos, fazem rodopios e executam diversas outras manobras extravagantes no ar antes que a gravidade os puxe de volta à água. Presumivelmente sobre a prancha e não – como diz o profissional Mike Dowdy – "de cara no que vai parecer cimento!" A família de Mike mudou-se algumas vezes durante sua infância e adolescência. Ele começou a praticar *wakeboard* em St. Louis e começou a levar a sério o esporte quando foi morar no Michigan. Aos 16 anos, decidiu morar sozinho em Orlando, na Flórida, para seguir uma carreira profissional.

Mike e eu começamos a trabalhar juntos em 2016. Naquela época, faltava-lhe consistência. Como todos os profissionais, ele tinha um método, mas não bastava. "Não havia muito sentido na minha preparação. Eu só treinava duro e, quando não ia bem, mudava algo. Sem saber bem o motivo."

Mike e eu criamos um processo e nos mantivemos fiéis a ele. Ajudei-o a se tornar muito mais consciente de como gastava seu tempo, preenchendo a agenda com espaços para preparação mental e física. Estabelecemos e monitoramos metas semanais – não com base nos resultados (como ele se saíra na competição), mas no processo (quanto treinara, se seguira fielmente a agenda) –, identificamos suas fontes de informações válidas e aprovadas (treinadores, família) e filtramos o restante (redes sociais). Ganhasse ou perdesse, Mike se mantinha fiel ao processo. "Os atletas são fazedores. Sempre precisamos ter algo para fazer, por isso a estrutura geral do dia se torna muito importante. Estabeleci a hora de ir para a cama e de acordar, programei exercícios de respiração. Quando não tenho estrutura, me enrosco nas ervas daninhas. Quando tenho uma rotina, me sinto mais estável."

Costumo dizer a meus clientes que, para melhorar, os amadores focam os resultados, enquanto os profissionais focam o processo. Quando digo focar o processo, quero dizer avaliá-lo e ajustá-lo de modo cuidadoso e sistemático, acreditando que os resultados positivos aparecerão. No início de nosso trabalho, o processo de Mike era secundário em relação aos resultados. Quando perdia uma competição ou falhava, ele mudava as rotinas aleatoriamente, na esperança de que algo melhorasse.

Para ser justo com Mike, ele estava apenas sendo humano. Por natureza, a maioria de nós avalia a qualidade de uma decisão ou desempenho pelo resultado, não pelo processo por trás dele. Sabemos racionalmente que, às vezes, você pode fazer tudo certo e, mesmo assim, dar errado. Um processo bom ou até mesmo excelente pode gerar um resultado ruim. Mas e daí? Se não nos saímos bem, deve haver algo errado na abordagem. Esse "viés de resultado", às vezes chamado de resultante, é comum em tipos diferentes de decisões e processos.[2]

Também somos propensos ao viés de disponibilidade: a tendência de confiar nas informações que estão mais disponíveis.[3] O viés do mais recente é uma forma, já que em geral o resultado mais recente está mais à mão. Por exemplo, um estudo realizado em 2021 com apostadores da NFL de 2003 a 2017 constatou que eles não só supervalorizavam a importância do jogo mais recente, quando iam fazer suas apostas, como sua reação desmedida era acentuada pela magnitude da vitória ou derrota mais recente.[4]

Existe também o viés de ação. Faça algo mesmo quando não fazer nada puder ser a melhor abordagem. Eis um ótimo exemplo de viés de ação: goleiros de futebol tentando defender cobranças de pênaltis. Nessas situações, a bola é colocada em um ponto centralizado 11 metros à frente do gol. O chute do cobrador pode ser defendido apenas pelo goleiro. As taxas de sucesso das cobranças de pênaltis no futebol profissional são elevadas: cerca de 75% das bolas entram no gol.

Ao tentar uma cobrança de pênalti, o batedor pode se aproximar da bola correndo, mas o goleiro não pode se mover até a bola ser chutada. Isso significa que, na velocidade em que a bola é chutada nos níveis profissionais, o goleiro tem pouquíssimo tempo para antecipar a direção da bola e reagir. Quando o faz, geralmente, a bola já passou por ele. Portanto, tem duas escolhas: adivinhar a direção da bola e pular nessa direção no instante em que o pé encostar na bola ou ficar parado.

Uma análise de dados revelou que a melhor estratégia do goleiro para defender a cobrança é a última: manter-se no centro do gol. Segundo outro estudo, "uma análise de 286 cobranças de pênaltis nas principais ligas e campeonatos do mundo revelou que, considerando a distribuição das probabilidades da direção do chute, a estratégia ideal para os goleiros é permanecer no centro do gol".[5]

No entanto, raramente os goleiros agem assim. Quase sempre tentam adivinhar e pulam para um dos cantos. Isso porque possuem um viés de ação: acham que é melhor saltar do que ficar parado, mesmo diante de pesquisas que evidenciam o contrário.

Juntando esses fatores – viés de resultado, viés de disponibilidade e viés de ação –, verificamos que existe uma poderosa tendência humana de agir quando algo não sai como se deseja. Ouça qualquer programa de rádio sobre esportes e entenderá o que quero dizer. Esses programas estão sempre cheios de indivíduos que oferecem explicações rápidas sobre o que aconteceu no jogo recém-terminado. Se este ou aquele jogador deixou a desejar, deveria ter sido retirado! Mas depois geralmente citam uma entrevista do técnico em que este prega a calma, a continuidade, a consistência e o processo. As fontes não verificadas, inválidas e emocionais clamam por mudanças; o profissional opta por confiar no processo. Os comentaristas impulsivos costumam ser chamados de *quarterbacks* (quase sempre os principais jogadores nos times de futebol americano) das manhãs de segunda-feira – termo cunhado por Barry Wood, astro de futebol americano de Harvard, em 1931. Wood, é claro, era um *quarterback*.[6]

Quando as pessoas passam por dificuldades, não estão indo bem em seus empregos ou em qualquer outra área de atuação, surge uma forte tentação de efetuar mudanças. A resposta certa, porém, é *não* agir, pelo menos não imediatamente. Em vez disso, crie e consulte um ciclo de feedback com base empírica. Colete informações sobre o desempenho de seus instrutores e de si mesmo, mas garanta que sejam válidas. Acalme-se, tente analisar tudo de modo objetivo e ouça apenas os instrutores que você avaliou (nada de baristas!). Examine o processo e os resultados: como se preparou? Durante a reunião, como abordou os assuntos? Qual foi o resultado? Depois poderá começar a pensar sobre aspectos do processo que talvez queira mudar.

Se decidir por uma mudança, dê um passo de cada vez. Destruir tudo e começar de novo pode parecer bom, mas raramente é a melhor tática. Em vez disso, isole um ou dois componentes do processo, ajuste-os e veja o que acontece. Se fizer um bolo de chocolate e o resultado não for bom, não mude os ingredientes, a temperatura *e* o tempo de cozimento. Isso é como esperar que tudo melhore. A atitude mais inteligente é ajustar uma coisinha aqui, outra ali, coletar mais dados e depois efetuar mudanças.

Ao considerar alterações, lembre-se de que o certo a fazer pode ser não mudar nada. Tanto os períodos de alta quanto os de baixa chegam ao fim, pois o desempenho regride ou progride naturalmente em direção à média.

Resultados ruins podem ser fruto de bons processos. Os profissionais de baixo desempenho reagem aos resultados ruins; os bons, não. Nathan Chen cometeu alguns erros durante o aquecimento nas Olimpíadas de 2022. O antigo Nathan poderia ter efetuado alguma mudança depois desses tropeços, alterando seu programa ou se concentrando demais nessas partes durante a competição. O novo Nathan as ignorou e permaneceu firme no processo. Sua atitude se transformou completamente. Não devia se preocupar ou reagir a erros. Sabia que eram raros e estava feliz por tê-los tirado do caminho.

A marca registrada dos profissionais de alto rendimento é a consistência. Eles amam e odeiam mudanças. Amam porque desejam melhorar constantemente e uma mudança pode ser um catalisador para a melhoria. Odeiam porque seu processo é sério, feito com base em informações válidas e verificadas, sem a emoção dos preconceitos humanos naturais. Assim, qualquer mudança deve ser encarada com cautela e de forma incremental – um passo de cada vez em vez de explodir tudo.

Penso nos pescadores. Quando planejam testar determinada região ou rio, eles pesquisam onde os peixes estão mordendo e que tipo de isca ou mosca usar. Quando chegam à água, já têm um processo: examinar a água, determinar um local adequado e escolher a isca ou a mosca. Portanto, tente um número suficiente de vezes para saber se algo não está funcionando e, em seguida, faça um ajuste, como o local ou a isca. Tente de novo e, se necessário, realize outra mudança. Pode parecer lento e frustrante – pescar não é para todo mundo. Mas os melhores profissionais agem assim. Eles se atêm ao processo e fazem mudanças com cuidado. A paciência é importante. Ninguém desenvolve um processo vencedor da noite para o dia.

FRACASSO COMO PIVÔ

Derrick Walker é um homem bem-sucedido que fracassou muito. Cresceu em Detroit, filho de pai engenheiro e mãe assistente social. Durante o ensino médio, destacou-se nos esportes e na música. Na faculdade, seu desempenho no beisebol o levou a ser convocado pelo Arizona Diamondbacks, onde jogou quatro anos nas ligas menores antes de ser liberado. Depois, na Pioneer League (uma liga independente), jogou no Rockford Riverhawk – onde acabou entregando suas luvas e seus tacos na primavera seguinte. Fracasso nº 1.

A partir daí, Derrick decidiu tentar a sorte nas Forças Armadas. Alistou-se na Marinha e fez um teste para os SEALs. Saiu-se bem no BUD/S, onde conseguiu passar pela Semana Infernal, que é a parte mais difícil do programa. Mas durante a segunda fase do treinamento BUD/S vieram os exercícios aquáticos. Derrick teve dificuldades e foi forçado a abandonar o programa. Não poderia ser um SEAL. Fracasso nº 2.

Derrick se reinventou, obteve seu MBA e agora está em meio a uma carreira de sucesso como líder financeiro em empresas como Nike e Nationwide. Ele e eu começamos a trabalhar juntos em 2022 e logo descobri que Derrick é um exemplo de pessoa que usa o fracasso como oportunidade para aprender e alicerçar decisões e mindset. Quando pergunto sobre os fracassos, ele os chama de pivôs. Mas nem sempre foi assim. "Quando fui cortado dos Diamondbacks, fiquei arrasado. E me perguntei: o que vou fazer?"

Foi então que ele começou a aprimorar seu processo de fracasso. "Sempre penso no que estou fazendo e no que poderia mudar. Eu queria ser jogador da liga principal, não considerava outra opção. Refleti sobre o que mais gostava no beisebol. Descobri que adorava estar em uma equipe, a camaradagem. Adorava o fato de o beisebol ser um esporte baseado no fracasso, que exige um mindset difícil de alcançar. Achei que conseguiria tudo isso nas Forças Armadas. Na Marinha, o que me atraiu foi a resistência mental, o entendimento de como lidar com os desafios e a ideia – cada vez mais atraente – de servir ao meu país. Pude aplicar o que aprendi num ambiente acadêmico e, hoje, em um ambiente de trabalho. Estou muito mais confiante na minha capacidade de aprender."

Ao longo da trajetória, do beisebol profissional à Marinha, depois à pós-graduação e ao mundo corporativo, Derrick desenvolveu um processo para dar a volta por cima. Primeiro ele reformula a situação de fracasso para a de transição. Depois disseca as experiências que o levaram ao fracasso e reflete sobre o que aprendeu. Em seguida, estuda onde poderá reproduzir os aspectos do que gostou e aplicar o que aprendeu. É uma estratégia simples e poderosa. Quando fracassar, relacione os aspectos positivos e o que aprendeu com a experiência; em seguida, tente de novo ou mude de local. Assim você nunca fracassa. Apenas muda de direção.

O *WAKEBOARD* NA PAREDE

O evento final do Pro Wakeboarding Tour de 2016 foi realizado em Indianápolis, Indiana, no dia 7 de agosto de 2016. Na véspera, Mike Dowdy me enviou uma mensagem: "Estou me sentindo bem. Tenho feito tudo que pusemos em prática esta semana. Vou seguir o planejamento e dar o melhor." Na tarde seguinte, recebi uma foto com ele abrindo uma garrafa de champanhe no topo do pódio. *Obrigado por toda a ajuda este ano! Consegui, sou campeão mundial!*

Mike tinha um talento fora de série. Isso ficou óbvio quando começamos a trabalhar. Ele estava comprometido com o sucesso e se dedicava muito. Juntos, montamos o processo: uma estrutura para gerenciar seu tempo, um conjunto claro de fontes confiáveis e disciplina para seguir a rotina, independentemente do resultado. Alguns dias depois de Mike ter conquistado seu título, recebi um pacote. Era a prancha que ele tinha usado na vitória, um fantástico presente de agradecimento. Agora está pendurada na parede, acima da minha mesa, como um testemunho do poder do processo.

DISCIPLINA MENTAL
PLANO DE AÇÃO – PROCESSO

OS MELHORES PROFISSIONAIS ACREDITAM QUE, SE MANTIVEREM CONSISTÊNCIA EM SEUS PROCESSOS, OS BONS RESULTADOS VIRÃO. PARA FAZER ISSO:

Aproveite ao máximo as 24 horas do dia. Semanalmente, reserve algum tempo para planejar cada hora da agenda nos próximos dez dias, classificando-as como verde, amarelo ou vermelho, dependendo da importância e da flexibilidade da atividade planejada.

Aprimore seu processo identificando quais fontes de informação devem ser usadas primariamente. As fontes confiáveis precisam ser examinadas e validadas. Ignore as outras.

Examine suas fontes de informação com base na lealdade, sinceridade e capacidade de enfrentar desafios. Considere ainda o conhecimento que elas demonstram das suas nuances e idiossincrasias. Avalie seus comentários com base nessas evidências.

Para ativar seu mindset pelo esforço, aumente seu esforço. Acompanhe e melhore seu quociente de esforço elevando a frequência com que o escolhe em vez do tempo não produtivo.

Faça alterações no processo com base em informações válidas e verificadas, e as introduza aos poucos

– uma ou duas de cada vez –, analisando como funcionam.

Tenha um processo definido para lidar com o fracasso, assegurando-se de que aprendeu com ele, e passe para a próxima etapa (que pode ser tentar novamente).

CAPÍTULO 6

Tolerância à adversidade

Leve todos a um palco e peça que apresentem um show humorístico. As respostas serão bem diferentes.

– Andy Walshe, especialista em desempenho

No início de 2016, meu amigo e colega Andy Walshe me ligou com uma sugestão. Ele era diretor de alto rendimento (que título bacana) dos 850 atletas e artistas contratados pela Red Bull. Seu trabalho era desenvolver e colocar em prática métodos para ajudar esses profissionais – de alto nível e de uma ampla gama de atividades – a ultrapassar os limites do desempenho humano. Andy é um australiano genial que, antes da Red Bull, ocupou cargos semelhantes no Instituto Australiano de Esportes e na equipe de esqui dos Estados Unidos. Sua carreira era dedicada a ajudar os melhores a se sair melhor, tirando-os da zona de conforto e ajudando-os a explorar seu potencial.

Alguns anos antes, Andy me convidara para fazer parte (como contratado e com permissão dos meus chefes na Marinha) da equipe extremamente talentosa que ele havia montado na Red Bull, que incluía especialistas de várias disciplinas (nutrição, força, condicionamento, fisioterapia, treinamento e muito mais). Além de trabalhar com cada atleta para melhorar seu desempenho, também ajudei a equipe nos muitos acampamentos que realizavam. A maioria desses acampamentos tinha a finalidade de ajudar os atletas a aperfeiçoar seus talentos: esqui, surfe de ondas grandes, motocross, etc. Uma vez por ano, reuníamos profissionais de todos os tipos de esportes e artes em nossa "joia da coroa": o acampamento PUP. PUP significa desempenho sob pressão (Performance Under Pressure), e o objetivo era "vacinar" aqueles atletas contra o estresse do desempenho.

A ideia era expô-los a breves situações ruins, estressantes ou desconfortáveis, observar como reagiam e ensiná-los a melhorar suas reações. Esses exercícios os ajudariam a ter um desempenho melhor apesar das pressões da competição (e, em alguns esportes, da própria sobrevivência). Tal abordagem, chamada de Terapia de Inoculação de Estresse (TIE), é uma prática desenvolvida pelo Dr. Donald Meichenbaum, que dividiu o processo em três fases: educação (aprender sobre a natureza das situações estressantes e das reações humanas), treinamento de habilidades (ensinar habilidades de enfrentamento) e aplicação (introduzir os estressores e praticar as respostas). A pesquisa de Meichenbaum demonstrou que a TIE é eficaz em diversos estressores, inclusive ansiedade, raiva e dor.[1] É como uma vacina contra o estresse: dê a eles uma pequena dose do que é ruim para que o corpo possa reagir e se fortalecer para a próxima dose, provavelmente maior. Os biólogos chamam essa abordagem de *hormese* – quando algo prejudicial em altas doses é benéfico em quantidades menores. Ou, como observou o filósofo Friedrich Nietzsche, o que não nos mata nos fortalece.

Em sua abordagem de inoculação do estresse, Andy Walshe prefere tirar os profissionais da vida cotidiana. "Em vez de trabalharmos no local onde eles atuam, nós os colocamos em um ambiente diferente. Com a sensação de pressão e incerteza, eles adotam um comportamento natural ou um comportamento de iniciante. Não corremos o risco de destruir seus egos, porque não estamos na área em que eles se destacam. Não posso levar Navy SEALs a um cenário de batalha. Eles não ficarão estressados, pois são muito bons nesse ambiente. Mas posso levá-los para um palco e pedir que apresentem um show humorístico – as respostas serão bem diferentes", explica. Os exercícios foram concebidos para provocar altos níveis de estresse percebido, embora a ameaça real fosse muito menor. Isso ajuda os profissionais a conhecer seus gatilhos de estresse e lhes dá oportunidades para praticar o gerenciamento das reações.

Por exemplo, a falta de oxigênio é (com razão) um medo primordial, mas a mente pode superá-lo. É claro que temos de respirar, mas a maioria de nós consegue prender a respiração por muito tempo quando o medo começa a se instalar. No acampamento PUP, todos os profissionais passam por um exercício de prender a respiração e, em poucos dias, a maioria consegue fazer isso por três a quatro minutos em vez de 30 a 40 segundos. Fisicamente, nada muda. Mas, mentalmente, eles aprendem que suas mentes podem superar o medo.

À medida que fomos aprimorando a organização dos acampamentos PUP, comecei a ver um progresso incrível nos participantes. Todos nós, no decorrer da vida, enfrentamos e lidamos com uma grande variedade de desafios estressantes, desde os cotidianos (trânsito, trabalho) até os profundos (perdas, sofrimento). Com o tempo, percebemos como reagimos e aprendemos a nos ajustar. Em cada acampamento PUP de cinco dias, expusemos os participantes a uma variedade maior de desafios estressantes do que eles provavelmente enfrentariam no mundo real, acelerando assim a sabedoria que eles teriam acumulado de modo natural ao longo da vida. Funcionou: os atletas, sem exceção, afirmaram que a autoconfiança aumentou depois de frequentarem o PUP e o desempenho quase sempre melhorou.

O truque para criar esses cenários de inoculação de estresse foi estabelecer uma situação em que a ameaça percebida fosse muito maior do que a real. Queríamos desencadear reações superestressantes, mas sem colocar ninguém em perigo real. Às vezes isso é fácil: um atleta que não se intimida ao enfrentar uma onda do tamanho de um prédio de dez andares ou ao saltar de um penhasco vestindo um *wingsuit* pode ter pavor de falar sobre seus sentimentos na frente dos colegas. Ou de ser atirado, como Indiana Jones, em um poço de cobras coleantes (mas inofensivas). "Por que precisam ser cobras?", perguntou Indy e, provavelmente, alguns de nossos participantes. O pedido de Andy para mim, naquela manhã de 2016, foi: "Tire alguns dias e pense em algo novo que possamos fazer e que seria épico para os atletas do PUP deste verão." Ele me incentivou a ser criativo. Pensei um pouco e tive a ideia (que não sei de onde veio) de um urso-pardo. Deu um pouco de trabalho para Andy e sua equipe, mas em algumas semanas tínhamos um plano.

Bart, o Urso II, é um urso-pardo de 2,5 metros de altura e 1.300 quilos, além de ser uma estrela da TV e do cinema, tendo participado de filmes como *Na natureza selvagem* e *Compramos um zoológico*, e de programas de TV que vão de *Scrubs* a *Game of Thrones*. Quando chegou a hora de escolher o urso para a produção do PUP, Bart foi a primeira e única opção.

Nossa equipe almoçou com o pessoal dele (provavelmente salada de salmão, alimento preferido dos ursos americanos) e logo Bart estava a caminho do acampamento do PUP. (Bart II faleceu em 2021. Ele não era parente do outro famoso ator ursino, Bart, o Urso, que trabalhou no filme francês *O urso*, de 1988.)

Nossos campistas daquele ano incluíam nove atletas (quatro mulheres e cinco homens) que competiam em esgrima, surfe, esqui, corrida de longa distância, bicicross e escalada. Assim que chegaram, o estresse começou. O primeiro dia incluiu um banho de gelo sob a tutela de Wim Hof (atleta e guru holandês que defende os benefícios da exposição ao frio) e uma pequena caminhada. Pela minha experiência, às vezes é difícil levar os atletas de alto rendimento (ou qualquer atleta de elite) a se concentrar e compreender totalmente as nuances mentais do treinamento de desempenho. Esse grupo não era diferente. Eles concluíram o primeiro dia mais relaxados do que concentrados.

Você sabe o que exige foco? O ataque de um urso-pardo. Parafraseando o autor britânico do século XVIII Samuel Johnson, isso faz a mente se concentrar de modo maravilhoso.

O segundo dia começou com uma viagem até o início de uma trilha, onde dissemos aos atletas que eles começariam uma caminhada de cerca de 11 quilômetros. Mas antes será que poderiam escrever suas experiências do dia anterior? Eles pegaram seus diários e começaram, mas, de repente, um "guarda florestal" veio correndo pela trilha gritando: "Urso! Urso!" (Estávamos em uma propriedade particular, não em um parque, com total conhecimento e consentimento do proprietário. Não sei como os guardas florestais de verdade são treinados para reagir à presença de um urso-pardo, mas espero que não seja correndo aos berros na direção das pessoas.) Trotando a uns 12 metros atrás do falso guarda florestal vinha Bart, o Urso II.

Como todo bom ator, Bart cumpriu seu papel, no caso, colidindo com uma linha de pesca esticada na trilha a cerca de 2 metros do nosso grupo. O que o fez se erguer sobre as patas traseiras e soltar um rugido assustador.

Nunca se sabe qual das três opções – lutar, fugir ou permanecer imóvel – o corpo escolherá diante de um perigo primordial. Entre nossos nove atletas naquele dia, um caiu no chão e gritou, um casal empurrou um colega entre eles e Bart, criando um anteparo (lutar, fugir, permanecer imóvel ou ser amigo-urso?), e alguns saíram correndo... em direções opostas. Missão cumprida: tivemos toda a atenção deles. Aqueles profissionais de alto rendimento podem ter pensado que estavam imunes à resposta ao estresse, mas a aproximação de Bart destruiu essa fantasia. Eles vivenciaram um poderoso cenário de estresse, mas depois, quando os batimentos cardíacos voltaram ao normal, já estavam prontos para analisar suas reações, aprender a controlá-las melhor e aumentar a força mental. Os atletas até foram apresentados ao treinador de Bart e tiraram *selfies* com o majestoso animal. Depois iniciamos os trabalhos, aprendendo e praticando técnicas de tolerância ao estresse.

O QUE É FORÇA MENTAL?

Quando você ouve o termo *força* ou *resistência mental*, o que lhe vem à mente? Como o explicaria a alguém? Equilíbrio, preservação da calma sob pressão, confiança, compostura, foco: essas são descrições precisas e se somam às respostas humanas de lutar, fugir ou permanecer imóvel. O problema com essas palavras é que todas descrevem um estado final, não como chegar lá. Se eu lhe pedir para descrever a resistência física, você provavelmente poderá falar tanto do estado final (força, resistência e assim por diante) quanto dos caminhos para isso (treinamento rigoroso, exercícios, esforço próprio). Você sabe o que fazer. Mas e quanto à resistência mental? Quais são os treinamentos e exercícios que levam a ela (além de ser perseguido por um urso)?

Todos passamos por estresses. (Tecnicamente, o que experimentamos são estressores, que geram as respostas humanas ao estresse. Estressores + resposta humana ao estresse = estresse.) A excelência decorre da forma como reagimos a ele, mantendo a capacidade de pensar com clareza, tomar decisões e agir. É a base do desempenho de elite, mas os profissionais de elite não nascem com essa capacidade. Os melhores atletas, artistas, empresários, líderes e soldados começam com a mesma resposta inata ao estresse de todos nós. À medida que evoluem, recebem ajuda e treinam para superá-la.[2] Contando com o apoio de pais, treinadores, mentores e colegas, eles têm muitas oportunidades para praticar desde pequenos, aprendendo a superar a pressão e a lidar melhor com ela, ainda que seja cedendo. Eles adquirem inoculação contra o estresse – na maioria das vezes não intencionalmente, mas por tentativa e erro.

Muitos de nós não têm o benefício dessa tutela e dessa prática, sem falar em um acampamento de verão que programe o ataque de um urso-pardo entre práticas de beisebol, artesanato e arco e flecha. Mas todos podemos aprender a lidar melhor com as respostas humanas ao estresse; para isso, devemos praticar a resistência mental. Este capítulo inclui uma série de exercícios que o ajudarão a melhorar sua capacidade de lidar com a resposta humana ao estresse, de modo que você possa recorrer à força mental quando surgirem cenários estressantes.

Originalmente, desenvolvi a estrutura desses exercícios para os Navy SEALs e eles se tornaram parte do treinamento BUD/S para todos os candidatos a SEAL. Na época, tínhamos apenas quatro exercícios (Definição de metas/Segmentação, Visualização, Controle de Excitação e Conversa Interior), que chamávamos de "Os Quatro Grandes". Desde então, acrescentei outros com base em meu trabalho com milhares de líderes empresariais, socorristas e atletas de elite. Com a compreensão e a prática desses exercícios, você aprenderá a lidar com o estresse e até a usá-lo a seu favor. Eles incluem:

- Visualizar
- Planejar contingências
- Ter consciência de si mesmo
- Respirar 4444 (explicação mais adiante)
- Acionar o interruptor do *dimmer*
- Segmentar metas
- Combater crenças fixas
- Colocar na caixa-preta
- Esvaziar a caixa-preta
- Lembrar-se da equipe

Não aprender a gerenciar o estresse pode ter consequências terríveis, muito além de apenas perder um jogo ou ir mal em um teste. John Marx foi policial por 23 anos, 19 dos quais como negociador de reféns na equipe da SWAT, e passou por muitos estresses e traumas. "Trabalhei como policial de patrulha, detetive e participei de diversas incursões da SWAT", conta. "Vi muitas mortes, assassinatos horríveis e outras tragédias humanas. Eu não estava preparado para lidar com tudo isso. Fui treinado em técnicas de captura, de tiro e de direção, mas tudo isso dependia apenas de condicionamento físico. Quando entrei para a polícia, fui examinado por um psicólogo, e foi a última vez. Lá não havia nenhum sistema de suporte mental e tínhamos medo de pedir ajuda, pois seria como admitir fraqueza."

Ele continua: "Aprendemos então que a forma de lidar com o estresse era beber. Algumas vezes, depois do plantão, íamos a um bar, bebíamos e conversávamos sobre o dia. Bebíamos para abafar nossos pensamentos. Eu bebia muito para lidar com o estresse. Era meu mecanismo de enfrentamento. Depois que me aposentei da polícia, um dos meus amigos se suicidou. Cheguei a pensar em fazer o mesmo. Havia alguns momentos sombrios na minha carreira que eu tinha reprimido. Quando aquele amigo tirou a própria vida, comecei a conversar sobre o assunto com os colegas e descobri que o suicídio não é raro. Então pensei: tenho alguma experiência de vida, posso fazer algo a esse respeito."

John fundou o Law Enforcement Survival Institute (Instituto para a sobrevivência dos policiais), destinado a promover o bem-estar, a resiliência e a eficácia dos defensores da lei, dos socorristas e de suas famílias. Quando deparou, em uma revista, com um artigo sobre as táticas que usávamos com os SEALs, ele me ligou. Desde então, trabalhamos juntos em seminários e outras iniciativas destinados a ajudar policiais a gerenciar o estresse inerente ao trabalho.

Esse é um exemplo claro do que pode acontecer quando os profissionais não estão preparados para lidar com o estresse do desempenho. Mas todos os dias vemos pequenos exemplos, mais banais, dos efeitos persistentes do estresse. As técnicas que descrevo neste capítulo foram criadas para atenuar em tempo real os efeitos da resposta humana ao estresse, de modo a melhorar o desempenho. Mas não são suficientes para ajudar as pessoas a lidar com as consequências mais graves do estresse, como as que John Marx descreve em relação a seus colegas policiais – que precisam de outros tipos de tratamento.

LUTAR, FUGIR OU PERMANECER IMÓVEL

Voltemos aos tempos pré-históricos e imaginemos um tigre-dentes-de-sabre atacando uma dupla de homens das cavernas. O homem das cavernas Fred percebe que a fera vai atacar e analisa cuidadosamente suas opções. O homem das cavernas Barney foge. Fred, um pensador, é devorado pela fera e se torna a figura central em um funeral do desenho animado *Os Flintstones*. Barney, que não parou para pensar, sobrevive ao ataque e consegue passar seus genes para as gerações seguintes. Ele desenvolveu o que hoje chamamos de eixo hipotálamo-pituitária-adrenal (HPA), o ponto de apoio da resposta humana ao estresse. Embora possamos ser fãs de Fred, somos descendentes de Barney.

O eixo HPA é um sistema do corpo que detecta o perigo e libera hormônios para preparar a resposta. Ele engloba o hipotálamo (na base do cérebro), a glândula pituitária (abaixo do hipotálamo) e as duas glândulas suprarrenais (sobre os rins). O hipotálamo se comunica com o restante do corpo por meio do sistema nervoso, controlando a respiração, a frequência cardíaca e a dilatação ou constrição dos vasos sanguíneos e das vias aéreas nos pulmões. Quando o corpo humano passa por situações de estresse, como o ataque de um urso ou uma pergunta difícil numa entrevista de emprego, o hipotálamo entra em ação. O hormônio liberador de corticotropina (CRH) notifica o sistema nervoso sobre o perigo que se aproxima e manda a glândula pituitária bombear o hormônio adrenocorticotrópico (ACTH) para a corrente sanguínea. O ACTH flui para as glândulas suprarrenais e ordena que comecem a secretar na corrente sanguínea um coquetel de estresse composto por cortisol, adrenalina e outros hormônios. O sistema nervoso simpático está agora em alerta máximo. Tudo isso acontece rapidamente, mais rápido do que o cérebro pode processar o que está vendo e ouvindo. O corpo age sem pensar.

Essa é a fisiologia da resposta ao estresse. Ocorre uma série de mudanças físicas e cognitivas. A frequência cardíaca aumenta para melhorar o fornecimento de oxigênio aos músculos e órgãos. Os vasos se contraem para que o sangue permaneça nos órgãos vitais (o homem das cavernas Fred pode perder um braço para o tigre-dentes-de-sabre e não sangrar rapidamente). A pressão arterial aumenta. As pupilas se dilatam para permitir a entrada de mais luz e melhorar a visão. As pequenas vias aéreas (bronquíolos) nos pulmões se abrem, captando mais oxigênio. Os sentidos se aguçam e mais açúcar e gordura são liberados na corrente sanguínea, aumentando a energia. Os músculos se tensionam, a respiração fica rápida e superficial, o suor e as lágrimas começam a fluir. A digestão se torna mais lenta; por que se preocupar com isso diante de um grave perigo? (Robert Sapolsky, um grande pesquisador de estressores e da resposta ao estresse, observa que "se houver um tornado se aproximando da casa, não é o dia de repintar a garagem... E há opções melhores do que digerir o café da manhã quando você tem de evitar ser o almoço de alguém".[3])

Mais importante ainda: as funções executivas no lobo frontal do cérebro diminuem. A resolução avançada de problemas, a reflexão e a tomada de decisões se tornam secundárias. É mais difícil se concentrar e se lembrar de algo, os pensamentos se aceleram e tudo fica mais confuso. Pensar requer tempo, um bem precioso diante da iminência da morte. O eixo HPA do corpo quer que você aja, não que pense.

Isso foi muito útil na época em que lutar, fugir ou permanecer imóvel eram as únicas opções que nossos ancestrais tinham para enfrentar o perigo – e um segundo de hesitação poderia ser a diferença entre viver e morrer. Hoje, no entanto, costuma ser um obstáculo. Nas situações estressantes atuais precisamos pensar e analisar rapidamente, o que é difícil sem um lobo frontal. Talvez precisemos de delicadas habilidades motoras nas extremidades, o que fica mais complicado com menos fluxo sanguíneo. Por exemplo, as principais competências dos Navy SEALs são a capacidade de atirar, a movimentação e a comunicação. Todas podem ser comprometidas pela resposta humana ao estresse.

Além disso, hoje há muito mais fatores estressantes do que antigamente. A vida de nossos antepassados era monótona em comparação com a atual. Talvez houvesse um tigre-dentes-de-sabre pelas redondezas, mas não existia trânsito no trajeto da caverna para os locais de caça e coleta nem chefes pedindo uma avaliação completa sobre como você arremessava a lança ou fazia fogo. A resposta humana ao estresse é muito mais ativa agora. Como observa Robert Sapolsky: quando ficamos estressados com questões como hipotecas, relacionamentos ou promoções, "ativamos um sistema fisiológico que evoluiu para responder a emergências físicas agudas, mas ele permanece ativo por meses a fio".⁴ Dominar essa reação não é importante somente para o desempenho; pode ser vital para a saúde.

Penso na resposta ao estresse como uma série de dominós. Quando uma situação estressante aciona o hipotálamo, é como se o primeiro dominó fosse derrubado. Todos os outros, desde a liberação de cortisol e adrenalina até os efeitos físicos e cognitivos que os acompanham, cairão após o primeiro, a menos que a reação em cadeia seja interrompida de alguma forma. Esse é o objetivo de cada prática da inoculação de estresse: ajudar você a interromper a queda dos dominós.

VISUALIZAR

Joe Maroon é um atleta de alto nível que já trabalhou com centenas de atletas com o mesmo perfil. Ele cresceu em Bridgeport, Ohio, e se tornou um grande atleta em uma cidade pequena. Mas não era o maior: entre seus amigos mais próximos estavam Phil Niekro e John Havlicek, que se tornaram astros com presença no Hall da Fama, Phil no beisebol e John no basquete. Os três garotos jogaram beisebol juntos, vencendo o campeonato estadual no último ano, e Joe participou de todos os campeonatos estaduais de futebol americano e de beisebol.

(A amizade de Joe com Phil e John tanto ajudou quanto prejudicou sua carreira esportiva. Ele jogava no campo interno do time de beisebol, uma tarefa fácil com Phil lançando e John atuando como interbases. "Eu tinha muito pouco a fazer." No entanto, quando em um período de recrutamento para o futebol americano Joe e John apareceram na Universidade Estadual de Ohio, o lendário treinador Woody Hayes colocou o braço nos ombros do imponente John e começou a acompanhá-lo pessoalmente pelo campus. Joe, com 1,70 metro, contra os 2 metros de Havlicek, teve que se virar.)

Joe foi para a Universidade de Indiana com uma bolsa de estudos para jogar futebol, entrou na faculdade de medicina e iniciou uma carreira de sucesso como neurocirurgião. Ele enfrentou uma grande crise de meia-idade aos 40 e poucos anos, quando seu pai morreu de repente e seu casamento terminou, o que o levou a abandonar a medicina e se mudar para Ohio, onde passou um ano ajudando a mãe a administrar o posto de serviço para caminhões que seu pai deixara. Para ajudar Joe a lidar com a depressão que se seguiu, um amigo sugeriu que ele tentasse correr. Sua primeira corrida foi de 1,5 quilômetro e ele jurou que não haveria uma segunda. Entretanto, pela primeira vez em meses, dormiu bem durante a noite e ficou viciado. Desde então, Joe completou oito Ironmans (cinco nos campeonatos mundiais do Havaí) e agora compete na sua faixa etária, na modalidade triatlo. (Como já tem mais de 80 anos, às vezes é o único!) A atividade física ajudou Joe a sair da depressão. Ele voltou a Pittsburgh para retomar a carreira e, em 1982, começou a trabalhar como um dos médicos do Pittsburgh Steelers (time de futebol americano).

Pelo trabalho com o Steelers, Joe se tornou especialista em avaliação e tratamento de concussões. Nós nos conhecemos em 2012, apresentados por um colega, e ele me ajudou a desenvolver protocolos pós-concussivos proativos para os SEALs.

Um dos atletas com quem Joe trabalhou no Steelers foi o famoso receptor Lynn Swann, que estava na última temporada na NFL quando Joe entrou para a equipe. Lynn fez parte de quatro equipes campeãs do Super Bowl e foi o melhor jogador do Super Bowl de 1976, tendo sido eleito para o Hall da Fama do Futebol Americano Profissional em 2001. Um dos segredos do sucesso de Lynn, segundo Joe, era a capacidade de visualizar. "Lynn era um mestre das imagens. Eu me sentava ao lado dele a caminho de um jogo ou no vestiário e observava como ele visualizava uma jogada várias vezes. Ele imaginava a bola girando no ar e se retorcia como se fosse pegá-la. E repetia na mente o modo como se moveria, até estar plenamente conectado."

Visualização é o modo comum de descrever a ação de Lynn, mas ele estava fazendo mais do que ver o jogo. Ele o estava vivenciando na mente com os cinco sentidos: visão, audição, olfato, paladar e tato. Os pesquisadores chamam isso de imagética motora cinestésica (KMI, na sigla em inglês). É como colocar um capacete de realidade virtual e jogar, só que, em vez de usar apenas dois sentidos (visão e som), você usa cinco. Ele cria uma programação motora no sistema nervoso central, enganando o cérebro e o levando a achar que o evento visualizado por você está acontecendo. O cérebro literalmente não sabe a diferença; se você o programa para o sucesso, quando ocorre o evento real você sente que já esteve lá. Inúmeros estudos comprovam a eficácia da sensorização, sobretudo nos esportes.[5] Praticar a KMI é uma forma de inoculação de estresse: as primeiras vezes que você a testa pode ficar estressado, mas repita a experiência algumas dezenas de vezes e o evento se tornará algo conhecido, que já não induz tanto estresse.

Alex Myers, o competidor de esportes eletrônicos, pratica em arenas virtuais, mas, quando joga, costumar estar diante de plateias reais – às vezes com milhares de pessoas e com o adversário sentado em um console ao lado. Como qualquer profissional, ele vive muita ansiedade antes do jogo. "Sentamos um ao lado do outro, então sentimos a intensidade do adversário", diz. "O que realmente me ajuda é visualizar com os cinco sentidos. Antes de ir para uma competição, procuro fotos da arena e me visualizo lá dentro, ouvindo o barulho da multidão. Fazer isso me ajudou. Tenho muito mais controle sobre mim mesmo."

Alex me falou a respeito de uma competição da qual participou no centro de convenções de Toronto. "Eu costumava deixar que o barulho da multidão me afetasse. Não o visualizava com antecedência e na hora sentia desconforto. Naquela competição em Toronto, passei algum tempo visualizando a multidão, vendo e sentindo o interior da arena. Quando cheguei lá, estava muito bem: concentrado, conectado, sem ser afetado pelos elementos externos. Eu realmente estava no jogo."

Os pesquisadores desenvolveram um modelo chamado FATTAEP (PETTLEP, na sigla em inglês), apresentado pela primeira vez em um artigo de 2001, para ajudar as pessoas a praticar a KMI.[6] Trata-se de uma sigla para:

- Físico – Torne as imagens o mais físicas possível. Não se limite a imaginar os movimentos, execute-os. Se possível, vista as mesmas roupas que usará na apresentação e use os mesmos acessórios (por exemplo, uma raquete de tênis).
- Ambiente – tente recriar física ou mentalmente o ambiente em que a apresentação ocorrerá.
- Tarefa – seja realista ao recriar a tarefa em questão. Se sua meta for vencer a partida de tênis do fim de semana, não visualize uma vitória em Wimbledon.

- Tempo – visualize o desempenho em tempo real (embora a câmera lenta também possa ser útil).
- Aprendizado – incorpore o aprendizado e o aprimoramento à prática. Não visualize como foi seu desempenho da última vez, mas como será à medida que melhorar.
- Emoção – seja realista com suas emoções durante a visualização. Tente sentir os altos e baixos do desempenho real.
- Perspectiva – em geral, as pessoas escolhem a perspectiva da primeira pessoa ao visualizar (como *você* verá quando estiver atuando), mas a terceira pessoa também pode ser útil.

Caso você tenha uma apresentação importante a caminho, tente primeiro ensaiá-la fisicamente. Fique em pé e faça-a como se fosse pra valer. Encontre uma sala de conferências vazia (quanto mais próxima do layout e do design do ambiente real, melhor) e se apresente do mesmo modo como fará diante do público. Observe seu comportamento e como se sente. O que está vendo, ouvindo, sentindo? Mais tarde, talvez a caminho de casa ou enquanto relaxa à noite, feche os olhos e repita o processo. Ouça a si mesmo dizendo as palavras, ouça as perguntas e reações do público, veja a sala, sinta o cheiro do ambiente, sinta seus pés no chão ou suas costas apoiadas na cadeira. Permita que as emoções do sucesso se derramem sobre você. Prepare seu cérebro para o sucesso de modo que, quando a apresentação ocorrer, você esteja pronto e relaxado.

A visualização é uma excelente ferramenta de inoculação de estresse antes do evento, mas também peço a meus clientes que a usem como um meio de manter os elementos positivos conectados após o desempenho ou a prática. Minha regra é 2X: após uma apresentação ou treino, visualize mentalmente seu desempenho pelo menos duas vezes para gravá-lo no cérebro. O que equivale a praticar ou se apresentar três vezes, não uma.

Isso pode se aplicar não só ao pós-treino ou pós-espetáculo como também à vida cotidiana. Quando dormimos, nosso cérebro consolida as lembranças do dia. Ao se prepararem para dormir, muitas pessoas pensam nas atividades do dia seguinte ou relembram algo que deu errado ou que as está incomodando. Você prefere que seu cérebro fique ruminando sentimentos negativos durante oito horas ou revivendo outros mais positivos? Todas as noites, antes de dormir, penso no que aconteceu de bom no dia. Pode ter sido uma boa conversa com um de meus filhos, uma excelente reunião com um cliente ou uma palestra que agradou ao público. Isso agora faz parte da minha rotina noturna: escovar os dentes, colocar o pijama, beijar e abraçar minha mulher e visualizar. Deixo que todos os aspectos dessa experiência positiva se instalem no cérebro e é como se eu tivesse oito horas extras de prática. Penelope Parmes, a advogada e campeã de dança de salão que conhecemos no Capítulo 5, praticava a visualização muito antes de nos encontrarmos. "Eu trabalhava em tempo integral e cursava a faculdade de direito à noite", lembra ela. "Ao chegar em casa, repassava a aula mentalmente e finalizava minhas anotações. Assim, tudo desfilava pela minha cabeça enquanto eu dormia. Era uma forma de usar o sono como um recurso a mais."

Penelope continua com o mesmo ritual, mas agora são as rotinas de dança que ela relembra, não os litígios e contratos. "Depois de uma aula de dança, chego em casa e visualizo tudo. Estou em meu corpo, tentando sentir o que deveria estar fazendo. Isolo os momentos em que tudo dá certo; meu professor os chama de momentos de ouro. À noite, na cama, repito os momentos de ouro para dormir com um mindset positivo. Percebo que estou quase dançando deitada. Sinto o ambiente, a temperatura, a iluminação, o piso, o ar, os cheiros. Sinto, inspiro e ouço tudo isso em minha mente. Depois de visualizar a aula, medito em agradecimento. Faço uma revisão do dia, reservo um tempo para ser grata pelo que faço e por quem sou. Visualizo algo que deu certo. Pode ser pequeno, como se finalmente tivesse feito um rodopio duplo corretamente! Acompanho esse momento maravilhoso com pensamentos positivos."

Essa prática deu a Penelope uma enorme paz de espírito na forma de encarar as competições. "Faz toda a diferença do mundo para mim. Me proporciona um mindset de confiança, pois sinto que estou preparada."

PLANO PARA CONTINGÊNCIAS

Ian Walsh cresceu na ilha de Maui, no Havaí, e praticou diversos esportes até ficar viciado em surfe. Mais ou menos na mesma época, a família – seu pai trabalhava na lavoura de cana-de-açúcar e sua mãe era professora – se mudou para um local a poucos passos de uma praia na costa norte. O jovem Ian chegava da escola, largava os livros, agarrava uma prancha e ia pegar onda. A única regra imposta pelos pais era estar em casa quando começasse a escurecer. Ao chegar, Ian pegava os livros novamente. Incomodado com o estereótipo do surfista burro de Spicoli, no meio do ensino médio Ian decidiu tirar sempre as notas máximas. Acabou sendo o orador da turma na formatura. (Jeff Spicoli é um surfista drogado, interpretado por Sean Penn no filme *Picardias estudantis*, de 1982. Tudo de que precisa para estar bem é de ondas fortes e um bom drinque.)

Hoje Ian ganha a vida surfando ondas grandes em lugares como Jaws (Maui), Mavericks (norte da Califórnia) e praia do Norte (Nazaré, Portugal). Nós nos conhecemos em 2016 e, desde então, trabalhamos para desenvolver seu mindset de alto rendimento e suas táticas mentais.

Se você acha aterrorizante subir em uma prancha de surfe e descer pela face de uma onda de 20 metros, tem toda a razão. Uma forma de controlar esse medo não é pensar no que pode dar certo, mas se preparar para o que pode dar errado. Ian é um mestre em planejamento de contingência. "Dias de ondas monumentais não são frequentes, não posso controlar isso", diz. "Uma onda desse tamanho, em boas condições, ocorre muito raramente. Quando tenho uma oportunidade, quero estar na água para aproveitá-la ao máximo. Se eu me ferrar e perder minha prancha nas pedras? Tenho que estar preparado. Se houver problemas com o jet ski? (Para pegar uma onda, os surfistas de ondas grandes são geralmente rebocados por um jet ski pilotado por um especialista.) Procuro possíveis falhas no processo e recorro a um sistema que me permita permanecer na água se houver problemas. É uma progressão pela qual passo para encontrar possíveis problemas e colocar em prática planos de contingência. No final de um dia (de surfe), analiso o que consumiu muita energia cerebral e resolvo isso."

Quando Ian estava fazendo um filme em janeiro de 2016, houve um dia em que as condições eram quase perfeitas. "Parecia que seria o melhor dia que eu já tinha visto! Estava em alto-mar com meus três irmãos quando um deles, D.K., caiu. A coisa ficou feia. Nós o colocamos na área de segurança, e tivemos de cortar sua roupa de mergulho. Ele não conseguia sentir nada. Ficamos preocupados com a possibilidade de que tivesse quebrado o pescoço."

Felizmente, Ian e sua equipe estavam preparados. "Tínhamos tudo já no lugar para levá-lo em segurança para a praia e para o hospital." Felizmente, a ambulância informou que D.K. estava bem. Ian retornou para o mar e teve um dos melhores dias de sua carreira. Para ele, o planejamento de contingência é um componente essencial para gerenciar o estresse. "Nada acontece de acordo com o que você planeja. Eu tendo a operar em um nível mais alto quando sei que tudo está preparado. Assim posso me concentrar apenas no desempenho."

Para reduzir o estresse, pense e tenha um plano para tudo que pode dar errado, pois isso acontecerá. Tenha um plano A, um plano B e até um C ou D. Isso se resume a bom senso quando enfrentamos situações de vida ou morte, como surfar uma onda do tamanho de um edifício, mas é igualmente importante e eficaz para lidarmos com qualquer tipo de situação estressante.

Eu não sou surfista de ondas gigantes, mas frequentemente me envolvo em uma situação aterrorizante para muita gente: falar em público. Para me acalmar quando estou preparando uma palestra, penso no que farei se as telas não funcionarem ou se meu computador travar. E se o microfone falhar? Ou se eu acordar com dor de garganta? Talvez esses cenários não sejam tão radicais quanto um ente querido acidentado ao pegar uma onda gigante, mas no momento em que ocorrerem serão igualmente estressantes. Para mitigar esse estresse, imagino cenários ruins e planejo como reagir. O que farei se tiver que dar aquela palestra sem slides nem microfone? Ou se precisar pausar com mais frequência para tomar um gole de chá? E se eu perder uma conexão quando estiver viajando para o local? Qual é o plano B? E se não funcionar? Qual é o plano C? É estressante imaginar e se programar, mas pior é viver essas situações sem um plano. Subir num palco ou estar diante de um cliente quando seus gráficos não foram apresentados ou seu *teleprompter* não funcionar desencadeará uma resposta humana ao estresse tão grande quanto a de estar diante de Bart, o Urso II. Desenvolver, praticar e visualizar diversos planos de contingência contribui para neutralizar uma resposta ao estresse no momento e proporciona uma sensação muito maior de controle e confiança.

Pete Naschak, Navy SEAL aposentado, enfatiza a importância de ser franco consigo mesmo e fazer planejamentos de contingência. "Muitas vezes as pessoas planejam a perfeição e tudo dá certo. Eu pensaria exatamente no oposto, no que pode dar errado. Às vezes as habilidades falham ou você tem má sorte – e aí? A única forma de se preparar é imaginar e planejar. E se eu levar um tiro na perna? Imagino como seria a sensação. Provavelmente será pior do que na imaginação, mas faço o possível para realmente sentir isso. Algo pode dar errado – o inimigo sempre tem o que dizer. O planejamento proporciona estrutura e programação para uma rápida recuperação da reação imediata de lutar, fugir ou permanecer imóvel. A resposta se torna automática e me leva a um lugar onde posso pensar, me estabilizar e me movimentar de novo."

Sendo um SEAL, Pete planejou situações terríveis. "O que aconteceria se fosse morto? O que aconteceria com minha família? Conversei com eles e criei sistemas para facilitar tudo caso acontecesse o pior, o que me ajudou a me preparar mentalmente para as missões."

Ao destinar tempo suficiente para planejamentos de contingência, você desenvolverá a automaticidade, que é a capacidade de fazer algo sem pensar. Quando você anda de bicicleta, não pensa no que fazer, simplesmente faz. Isso é automaticidade. A automaticidade não é tão importante para crises de ritmo mais lento: se seu computador trava quando você tem um prazo para entregar um trabalho ou no caso de um desentendimento com um colega. Nessas situações, você tem alguns momentos para pensar no que fazer. Mas, em outras, pode ser a diferença entre a vida e a morte.

Anthony Oshinuga é um piloto acrobático com quem comecei a trabalhar em 2018. Ele e seu avião competem em uma caixa imaginária no céu, mantendo um mínimo de 200 metros do chão. Ao executar várias arremetidas e rotações, os pilotos sentem enormes forças g no corpo. Portanto, no início da carreira competitiva Anthony passou muito tempo visualizando como seria essa sensação e planejando o que aconteceria se desmaiasse devido à G-LOC (sigla em inglês para "perda de consciência induzida por força g"). Ele também se prepara para o que mais pode dar errado.

"É um jogo de números, tudo relacionado ao gerenciamento de energia e à penetração vertical", explica Anthony. "Toda manobra perde certa quantidade de altitude. Eu calculo os ganhos e as perdas de altitude para cada uma e, em seguida, visualizo o que aconteceria se sofresse uma falha de emergência." Anthony teve a oportunidade de colocar seu planejamento de contingência à prova há alguns anos, quando treinava para um show aéreo em Coolidge, Arizona. "Estava praticando um *flat spin* e de repente apareceu fumaça na cabine de comando. Não conseguia ver muito, não via o chão. Então neutralizei os controles e abri a capota para a fumaça sair. Foi quando senti algo quente. Era óleo do motor escorrendo pela minha perna."

Felizmente, Anthony já havia se preparado várias vezes para esse momento. Portanto, na hora, reagiu automaticamente. Conseguiu controlar o avião e pousou em segurança. "Eu não tive tempo para fazer um checklist, não tive tempo para pensar. Quando você pensa, morre."

ESTEJA CONSCIENTE DE SI MESMO

Concentre-se no momento. Mantenha-se alerta. Com certeza você já ouviu essas máximas e outras semelhantes. O problema é que a vida não é tão simples assim. Embora fosse bom ter apenas um elemento estressante em nossas mentes, a maioria das pessoas tem pelo menos alguns. Quando Anthony Oshinuga está se preparando para executar mergulhos e espirais que desafiam a morte, sua mente pode estar pensando em como seu portfólio vem sendo prejudicado pela queda do mercado ou que presente de aniversário comprará para sua mãe. Quando estou me preparando para uma palestra, às vezes, no fundo, fico preocupado com o desempenho de meu filho na prova daquele dia ou com uma conversa não muito boa que tive com minha mulher na véspera. A excelência exige foco, a capacidade de deixar todas as preocupações de lado e se concentrar completamente na tarefa presente. No entanto, qualquer um de nós que já tentou fazer isso sabe que pode ser muito difícil. A vida se impõe.

Para tirar a vida do caminho, enfrente as distrações. Faça um check-in de autoconsciência. Analise todas as circunstâncias – eu as chamo de sinais vitais de desempenho mental – e descubra o que pode estar afetando sua capacidade de ter o melhor desempenho. Se possível, encontre uma solução. É provável que a solução não seja fácil, mas você pode, pelo menos, decidir pensar nessas distrações mais tarde ou se lembrar do plano que já tem em andamento. Isso o ajudará a isolar as distrações e evitará que elas se infiltrem no desempenho.

Seja franco e objetivo consigo mesmo. Não adianta minimizar! É como ter várias janelas abertas no computador ou telefone. Pode provocar uma distração, certo? E drenar mais energia do dispositivo. Revisar a lista de sinais vitais de desempenho mental é como verificar as janelas abertas e fechar as desnecessárias. Seu processador ficará liberado para trabalhar no que é vital.

Listei oito categorias a serem examinadas durante sua verificação de autoconsciência:

- Vida – Finanças, carreira e bem-estar dos entes queridos
- Sono – Você está dormindo o suficiente?
- Clima – Quais são as vibrações em seu local de trabalho ou em casa?
- Saúde – Como está sua saúde? Algum problema urgente? Dores no corpo, dores de cabeça, etc.?
- Humor – Você está muito bem-humorado, mal-humorado ou em algum ponto intermediário?
- Substâncias – Como vai seu consumo de álcool, cafeína ou outras substâncias?
- Concentração – Você consegue se concentrar? Ou está sem concentração?
- Estresse – Como os fatores acima se somam neste momento? Qual é seu nível de estresse?

Os pilotos usam uma lista de verificação como essa antes dos voos, assim como muitos dos SEALs com quem trabalhei. É uma forma de lidar com todos os fatores de estresse antes de entrar no evento principal. Analisar os sinais vitais não significa que você tenha que cuidar de todos os fatores estressantes da vida, mas o autoconhecimento, em si, contribui para atenuar a resposta humana ao estresse. Estabeleça uma rotina para fazer um inventário de seus sinais vitais mentais, resolva o que for possível e deixe o restante de lado por enquanto.

RESPIRAÇÃO 4444

Faço palestras para grupos de policiais nos Estados Unidos e trabalho com vários deles em programas de desempenho mental, o que me deu a oportunidade de conhecer muitas pessoas dedicadas e fascinantes. No topo dessa lista está Deena Ryerson, procuradora-geral assistente sênior do Departamento de Justiça do Oregon. Deena tem um histórico incrível: filha de pais palestinos que migraram de Jerusalém para os Estados Unidos e criada em Utah, ela frequentou escolas católicas. ("Tenho a pedra angular da culpa", diz com um sorriso.) Em busca de um diploma universitário, foi para o Oregon, onde estudou direito. Sua intenção era se especializar em qualquer área que não fosse direito penal e ser tudo, menos advogada criminalista. Depois da faculdade, começou a trabalhar num escritório particular e odiou, mas depois participou de um programa chamado "Seja um promotor público por um dia". Adivinhe. Adorou! No final, decidiu atuar no direito penal e hoje é a única promotora de segurança no trânsito do Oregon. Isso significa que ela aconselha promotores e policiais de todo o estado sobre como processar crimes relacionados ao trânsito (por exemplo, direção sob efeito de álcool ou substâncias análogas e homicídio veicular). Também trabalha com legisladores na formulação de leis relacionadas a trânsito.

Deena me falou sobre um caso especialmente difícil, envolvendo um acidente de carro no qual o passageiro morreu. O motorista estava sendo julgado por dirigir de forma imprudente, condução sob efeito de drogas e homicídio culposo. Nesse caso, Deena não era somente consultora, mas também advogada-assistente da acusação. O julgamento acabou sendo bastante estressante, pois o advogado da parte contrária era desafiador e irritadiço, e houve muita política de cidade pequena. Quando chegou a hora de apresentar o argumento final, Deena estava pronta. E exausta, pois havia passado as duas semanas anteriores trabalhando no caso praticamente sem parar. No momento em que se levantou para se dirigir ao júri, todo o cansaço e o estresse a atingiram. "Não consegui pensar em nada. Olhei para meu colega e disse: 'Não me lembro de nada, não quero fazer isso, estou muito cansada.'" Não foi a primeira vez que algo assim aconteceu com ela. Faz parte de sua resposta ao estresse. "Aprendi ao longo dos anos que isso pode acontecer comigo quando estou muito nervosa."

O passo seguinte de Deena naquele momento de alto estresse foi algo que ouço de meus clientes todos os dias. Ela inspirou por quatro segundos, expirou por quatro segundos e repetiu o processo várias vezes. Essas respirações profundas, que levaram apenas pouco mais de um minuto, reiniciaram completamente seu corpo e sua mente. Ela interrompeu a queda dos dominós. Depois fez a si mesma uma pergunta poderosa: "Quando isso acabar, você vai se arrepender de algo?" Sua resposta foi que se arrependeria de estar dominada pelo medo daquele momento. Mais tarde se arrependeria de ter permitido que esse medo a tivesse impedido de dar o melhor de si. Tudo esclarecido, ela respirou fundo mais algumas vezes e se sentiu pronta para começar.

O que você está fazendo neste momento? Respirando. É a primeira e a última coisa que você faz na vida, e por isso é surpreendente que talvez não seja muito bom nisso. É claro que você faz isso bem o suficiente para sobreviver, mas, quando se entra em uma situação estressante, todas as apostas são canceladas. Quantos de vocês prendem a respiração diante de uma dificuldade? Sim, eu também. Por isso, uma das ações mais eficazes para combater a resposta ao estresse é também a mais simples: respirar profunda e ritmadamente.

No início do capítulo falamos sobre o que acontece quando um evento estressante ativa o sistema nervoso simpático e o estresse entra em ação. Esses efeitos são revertidos pelo sistema nervoso parassimpático, que começa a trabalhar depois que o momento de estresse passa e ajuda tudo a voltar ao normal. O sistema simpático é como apertar o acelerador de um carro, aumentando a velocidade para enfrentar o momento. O sistema parassimpático é o freio. Ele normaliza a frequência cardíaca, faz a digestão voltar a funcionar e vasculariza o sistema circulatório, abrindo os vasos sanguíneos para o sangue fluir mais normalmente. Em momentos de estresse, respirar fundo é a única saída para ativar o sistema parassimpático. É como tomar Valium ou algum outro produto farmacêutico que controle bioquimicamente a resposta ao estresse – mas é gratuito, de ação rápida, fácil de obter e não tem uma lista de possíveis efeitos colaterais como tontura e sonolência.

Praticamente qualquer profissional, em qualquer área, cita a respiração profunda como a principal ferramenta para lidar com uma situação estressante. Pesquisas demonstram que a frequência ideal é de cerca de seis respirações por minuto, ou uma a cada dez segundos. (O normal para adultos em repouso é de 12 a 16 respirações por minuto.) Essa taxa otimiza a variabilidade da frequência cardíaca (VFC), que é a variação do tempo entre cada batimento (monitorada pela maioria dos relógios inteligentes).

Embora pareça ruim ("Quer dizer que meus batimentos cardíacos não estão perfeitamente sincronizados?"), a maioria das pessoas normalmente tem um nível de VFC de apenas uma pequena fração de segundo. Uma VFC mais alta em geral está associada a características positivas de saúde, como condicionamento físico, descanso e recuperação adequados – sinal de que o sistema nervoso parassimpático está no comando. Uma VFC mais baixa é um indicador de um corpo sob estresse ou mesmo doente: o sistema nervoso simpático está no comando. A VFC ideal é relativa – cada pessoa é diferente –, mas costuma estar no meio do caminho, nem muito simpática, nem muito parassimpática, apenas adequada.[7]

Você já suspirou em meio a uma situação estressante ou em um dia agitado? Se sim, está praticando a respiração profunda. Os suspiros são o método utilizado pelo corpo para redefinir as emoções e restaurar a calma. O problema com essa respiração é que, com exceção de um suspiro ocasional, nós nos esquecemos de praticá-la. Estamos sob estresse, lembra? Portanto, assim como qualquer outro aspecto do desempenho, você precisa praticá-la até se tornar algo que faça quase sem pensar. Estamos falando dessa ação que foi a primeira de qualquer ser vivo, será a última e foi repetida milhares de vezes todos os dias? Sim, e é preciso praticá-la.

Quando eu estava com os SEALs, usávamos uma prática que chamamos de respiração 4444: inspire durante quatro segundos e expire durante quatro a seis segundos (a expiração é um pouco mais longa) durante quatro minutos, quatro vezes por dia. Lembre-se de que a meta é cerca de seis respirações por minuto. Hoje recomendo esse exercício para todos os clientes. Eles até colocam as respirações 4444 na agenda! Você respirou a vida inteira, mas não assim. Por isso precisa treinar até se tornar uma reação natural ao estresse. Seu corpo forçará a respiração rápida e a vasoconstrição; sua mente se oporá rápida e automaticamente com respirações profundas e vascularização. A equipe do Miami Heat, de Erik Spoelstra, pratica a respiração antes de grandes jogos, como as finais. "Eu dou a eles algo em que pensar. Depois nos sentamos por alguns minutos e eles simplesmente respiram. Técnicos, jogadores, todos respiram em uníssono. Antes de um grande jogo, um jogo cheio de pressão, há muita ansiedade. Respirar juntos nos ajuda", diz. Também reduz o estresse antes do jogo, ao mesmo tempo que oferece um roteiro para o que fazer depois, quando a disputa estiver acirrada.

Um benefício adicional da respiração profunda é restabelecer a noção de controle. O estresse tende a fazer você pensar no que não pode fazer. A respiração profunda é algo que você *pode*. Não posso me levantar e apresentar um argumento final neste momento, mas *posso* respirar profundamente. O foco passa do estressor (o julgamento) para a ação (respirar), o que por si só reduz o estresse. O efeito dominó é interrompido, você se reinicia e pode voltar ao trabalho.

Steve Pitts atuou na polícia de Reno, Nevada, durante 31 anos, nos últimos cinco como chefe de polícia. Quando começou a carreira, não havia nenhum tipo de treinamento mental. "Apenas caras durões da velha cultura formando você por meio da disciplina e do amor casca-grossa", lembra. Em 2013 conduzi uma aula de treinamento para Steve e sua equipe, e ele imediatamente começou a aplicar as técnicas de tolerância à adversidade que aprendeu. Um cenário em que as considerou particularmente úteis foi ao confortar a família de algum policial ferido ou morto. Ele visualizava a conversa com antecedência e praticava a respiração 4444; às vezes até parava no acostamento da estrada para se preparar bem. Esses momentos eram muito importantes. "Quando falo com as famílias, falo sobre elas e seus entes queridos. Não se trata da polícia de Reno nem do chefe de polícia. Tudo que eu e todos nós fazemos é por eles, e preciso fazer isso muito bem." A respiração e a visualização ajudaram Steve a se acalmar, de modo a ser o mais útil possível para as famílias.

Joe Maroon, neurocirurgião de Pittsburgh, às vezes vai além da respiração profunda em seus esforços para controlar o estresse. "Quando estou na sala de cirurgia e a situação fica estressante, eu me afasto, sento e respiro fundo várias vezes. Recupero meu equilíbrio e volto a me concentrar." Joe me falou de um desses momentos, uma cirurgia delicada em que ele estava trabalhando com outro cirurgião para remover um tumor – o que exigia mais do que respiração profunda. "Tive que deslocar o nervo facial, pois ele atravessava o tumor. O nervo facial é como um fino pedaço de espaguete e, caso seja danificado, o paciente adquire paralisia de Bell para o resto da vida. (A paralisia de Bell é uma condição em que os músculos de um dos lados do rosto enfraquecem, deixando esse lado caído.) Estávamos no meio da cirurgia e fiquei muito estressado. Dei um passo para trás, respirei profundamente, mas continuava muito ansioso. Falei para a equipe que precisava de um descanso. Fui para a academia do hospital, corri na esteira durante alguns minutos, tomei um banho, pratiquei a respiração e voltei novo."

Joe removeu o tumor sem cortar o nervo em cerca de 20 minutos. "Eu sabia que, se continuasse ansioso como estava, teria um problema."

ACIONE O INTERRUPTOR DO DIMMER

Dave Wurtzel – o ex-bombeiro e campeão mundial que conhecemos no Capítulo 4 – um dia se viu preso à parede por uma mangueira. Estava trabalhando com uma equipe que movia a mangueira pelas escadas de uma estrutura em chamas. "Somos treinados para permanecer em um lugar específico quando movemos a linha da mangueira. Naquela ocasião, estávamos indo escadaria acima. Eu me posicionei de forma inadequada e acabei preso contra a parede. Todas as vezes que moviam a mangueira, ela entrava em atrito com minha válvula de ar e diminuía um pouco mais o suprimento de oxigênio. Por fim, a válvula se desligou e minha máscara foi sugada contra meu rosto. Não era perigoso, mas, quando alguém me perguntou depois por que fiquei naquela situação, eu disse que não sabia. Mas tinha tomado uma decisão ruim, contrária ao treinamento."

Em outra ocasião, Dave subiu a escada de alumínio estendida de um caminhão de bombeiros para chegar a um incêndio. No topo, percebeu que tinha deixado seus tanques de ar na rua. "Nós costumávamos treinar no verão, quando fazia muito calor na Filadélfia. Nos treinamentos de escadas, às vezes eu tirava os tanques de ar antes de subir, porque estava muito quente. Mais tarde naquele ano, tivemos um grande incêndio. Estava conversando com outro cara sobre onde posicionar o caminhão e a escada e, quando estávamos nos preparando para subir, tirei meus tanques de ar e os coloquei no chão! Porque foi assim que treinara no verão. Estava reagindo, não pensando." Tal como na vez em que se viu preso pela mangueira, tudo acabou bem, exceto pela foto que apareceu na primeira página do jornal local no dia seguinte mostrando o corajoso bombeiro Dave Wurtzel pendurado na ponta da escada sem os tanques de ar. Ele foi muito criticado por isso.

Dave atribui esses lapsos à rotina pré-operação. Na verdade, ele não tinha nenhuma. "Eu era arrastado pela movimentação, sem um processo para lidar com o que estava acontecendo. Eu me distraía com os odores e as sirenes. No calor dos acontecimentos, entrava no modo de luta ou fuga e acabava tomando decisões ruins. Eu ia para todos os lugares, menos para onde deveria."

A maioria dos desempenhos é programada. Você sabe quando a cortina vai abrir. Não é o caso dos socorristas. "Temos que atuar quando as coisas acontecem. Passamos muito mais tempo como Clark Kent do que como o Super-Homem. É o que você faz no modo Clark Kent que o prepara para vestir a capa. Desejar que algo melhore não é um plano, ter esperança não é um plano, você precisa ter um plano de verdade." Meu trabalho com Dave envolveu o desenvolvimento de toda uma rotina para seus momentos Clark Kent e um ritual de como se preparar para entrar em ação.

"Quando aprendi as técnicas de desempenho, tudo começou a mudar. Minha rotina me tranquilizou, passei a ver tudo que está ao meu redor, fazer pausas e tomar decisões melhores na hora", conta.

Os erros dos quais Dave se lembra podem ser chamados de sufoco sob pressão. Ele era um profissional muito qualificado, mas no momento de agir cometia erros sérios, apesar da capacidade e do treinamento. Independentemente de quão habilidoso e talentoso você seja, não obterá o melhor desempenho possível se deixar que os nervos o dominem. Pode vacilar. Além de existir como uma reclamação popular de fãs de esportes ("O babaca vacilou!"), o termo *vacilar* tem uma definição psicológica formal: o profissional quer fazer melhor (motivação) e pode fazer melhor (habilidade), mas não consegue, geralmente por causa do estresse. As técnicas de redução de estresse que incluímos neste capítulo podem diminuir o risco de um vacilo, e entre as mais poderosas estão as rotinas pré-desempenho.

As rotinas pré-desempenho podem parecer inúteis, mas são fundamentais na redução do estresse. É como acionar o interruptor de um *dimmer*, que ilumina o corpo e diz para estar pronto para os estressores à frente. E, como um *dimmer*, elas podem ser rápidas ou lentas, dependendo da pessoa e da situação. Podemos *dizer* a nós mesmos que os estressores estão a caminho, que sabemos o que fazer, que praticamos e visualizamos tudo exaustivamente. O ritual físico nos *mostra* que eles estão se aproximando.

O ritual deve ser algo que possa ser repetido antes de cada desempenho (todos os dias no trabalho, em todas as reuniões importantes, em todas as conversas desafiadoras). Pode ser algo tão simples quanto uma refeição consistente (o famoso jogador de beisebol Wade Boggs comia frango antes de cada jogo), uma determinada música, o uso de algum tipo de talismã – uma pulseira ou camiseta da sorte – ou o discurso de incentivo de um líder. O snowboarder Toby Miller tem um ritual mais complexo, que integra outras técnicas de inoculação de estresse. Ele começa se afastando do local da competição, de modo a dar a si mesmo espaço para uma conversa interior positiva e uma visualização. "É fácil começar a pensar demais, então eu me afasto e busco um lugar tranquilo, mesmo que seja um banheiro. Quando chamam meu nome, calço de novo as botas, fecho o zíper das luvas e coloco meus fones, o que é um sinal para meu cérebro de que está na hora de ir. Assim que ouço a música, todas as inquietações e dúvidas desaparecem e chego quase a sentir que tenho superpoderes. É minha deixa para respirar fundo algumas vezes, o que me traz de volta ao presente. Então entro na corrida e tudo fica em total silêncio. Não ouço a música, nem a multidão nem minha prancha na neve. Depois nem me lembro bem de ter feito a corrida. É como se tivesse entrado numa realidade alternativa naqueles 35 segundos."

Marcus Luttrell usou seu ritual de "controle do *dimmer*" em uma situação extremamente estressante: na batalha de 2005 no Afeganistão, ele fora gravemente ferido por tiros, estava com a boca arrebentada por ter rolado por encostas rochosas e seus companheiros de equipe haviam sido mortos. "Às vezes ainda tenho pesadelos", diz. "Estava pensando nos detalhes, jogando os carregadores de munição dentro da camisa para o inimigo não saber que eu estava lá. O último que coloquei estava grudado no meu pescoço. Eu precisava me sentar, voltar ao treinamento e ao condicionamento. O problema é que não tinha sido treinado para aquilo."

O que permitiu que Marcus voltasse a se movimentar foi seu ritual pré--desempenho. "Tenho uma frase que me leva a ser a pessoa que desejo. É como se fosse minha programação de áudio", diz. Eis o mantra de Marcus:

> *Mil batalhas.*
> *Sempre que algo respira ou pisca um olho,*
> *com meus grandes poderes vêm minhas grandes responsabilidades.*
> *Controle diário, mantenha a humildade, trabalhe mais que todos,*
> *nunca desista.*
> *Deus acima de tudo e de todos. Amém.*

Sentado sozinho, machucado, baleado e desesperado no descampado afegão, com dezenas de homens armados por perto querendo matá-lo, Marcus recitou esse mantra. Depois começou a murmurar a letra da música que cantava para a equipe antes de sair em missão: "Hell's Bells" (Sinos do Inferno), do AC/DC. Mesmo nos momentos mais terríveis, a rotina de Marcus antes da ação o ajudou a reiniciar e acionar seu *dimmer* interno. Ele então se levantou, rastejou 11 quilômetros em um terreno difícil e acabou encontrando refúgio entre aldeões heroicos e amigáveis.

SEGMENTE SUAS METAS

Digamos que sua chefe passe pela sua mesa numa sexta-feira à tarde e, com um sorriso no rosto, diga: "Oi, sabe aquele material em que você está trabalhando para a semana que vem? Eu queria saber se você também poderia fazer algo mais, um pouco mais difícil e demorado. Dá para entregar tudo até terça-feira? Não tem problema, tem?"

"Claro que tem, sua carrasca miserável", você tem vontade de dizer.

"Claro que não", é o que você acaba dizendo.

Só de escrever isso já fico meio estressado. Meus ombros se contraem e cometo mais erros no teclado. A leitura poderá lhe causar reação semelhante. Mas o estressante mesmo é vivenciar isso. Na hora, você fica irritado, ansioso e exasperado. Mas, como aprendeu a ser um ótimo funcionário, respira fundo várias vezes, para recuperar a objetividade e o foco, e começa a pensar na tarefa que tem nas mãos. É grande! E o estresse recomeça. Droga! Como é que você vai conseguir fazer tudo?

No Capítulo 3 falamos sobre a importância de estabelecer metas. Elas nos ajudam a trilhar o caminho da excelência. O próprio ato de codificá-las aumenta a probabilidade de se concretizarem. No entanto, há um problema com as metas: podem gerar estresse. Após definir uma meta ambiciosa (ou de receber uma da chefe), você é confrontado com a realidade de tentar alcançá-la. Por isso os profissionais de excelente desempenho estabelecem grandes metas, mas depois as dividem em segmentos gerenciáveis e enfrentam uma de cada vez. Isso poderá ajudá-lo a se concentrar em algo mais alcançável e controlável – além de evitar sobrecarga e estresse com o objetivo maior.

A segmentação é um mindset tão predominante entre os profissionais que é quase um clichê. Pense em todos os atletas que falam em fazer "um jogo de cada vez". Ou em programas de bem-estar que defendem perder um quilo por semana. Estabelecer uma meta para ganhar um campeonato ou ficar em forma até o verão pode parecer assustador e estressante. Ao passo que tentar ganhar o próximo jogo ou perder o próximo quilo parece muito mais fácil. Uma vez atingidas, essas metas incrementais (às vezes chamadas de metas proximais, em oposição às metas distais, mais assustadoras) aumentam nossa confiança, o que fortalece nossa persistência e motivação. Na verdade, são uma forma de acompanhar o progresso positivo em direção à meta final e nos ajudam a superar o problema de não sabermos por onde começar diante de um grande desafio. Depois do primeiro passo, o segundo e o terceiro parecem muito mais fáceis. A segmentação de metas também cria mais uma perspectiva de processo (as etapas) para o desempenho do que uma perspectiva de resultado (a grande meta). Assim, após definir metas ambiciosas para si mesmo, divida-as em segmentos gerenciáveis para reduzir o estresse e aumentar a probabilidade de sucesso.[8]

A segmentação de metas reduz o estresse não só antes como também durante o desempenho. No meio de uma situação estressante, tudo pode parecer mais difícil. Devo subir quatro lances de escada correndo num prédio em chamas? Devo ficar em pé e falar por 30 minutos na frente do juiz, do júri e do público? Estou fora. Mas espere um pouco. Primeiro vou me levantar e respirar fundo. Tudo bem agora. Vou me aproximar dos jurados e cumprimentá-los. Entendi. Depois vou apresentar minha argumentação. Se for só isso, tudo bem. E assim por diante.

A definição de metas incrementais, ou subordinadas, complementa a prática de definir metas ambiciosas e de grande alcance. A meta ambiciosa é necessária para manter a motivação e a resiliência. Sem ela, desistir parece uma opção viável. Para que tanto trabalho? Mas, se tudo que você tem é a grande meta, os inevitáveis fracassos ao longo do caminho podem causar danos irreparáveis a seu moral e sua confiança. Um estudo de 2008, apropriadamente intitulado "Eyes on the prize or nose to the grindstone?" (Olhos no prêmio ou mãos na massa?), comparou o desempenho em tarefas de habilidades verbais entre pessoas focadas em metas primárias e de grande porte (prêmio) e aquelas que se concentram em metas subordinadas (foco no trabalho). O resultado: "Os participantes de olho na meta principal sofreram as maiores quedas no humor e nas expectativas."[9] Concentrar-se apenas nas grandes metas gera decepções maiores. Você precisa de metas grandes e pequenas. Grandes para inspirar, pequenas para tornar o desafio gerenciável e manter a confiança.

Quando Dave Wurtzel conta sua história sobre o incêndio no prédio, ele começa com a grande meta de apagar o fogo, mas logo passa para as metas menores, que podem ser alcançadas. Um incêndio é "um ambiente caótico e imprevisível. Não há controle sobre o que está acontecendo. Você tem uma carga física, uma carga mental, pressão de tempo e calor. A temperatura chega a mais de 100 graus dentro do traje e meu cérebro não funciona muito bem. Tenho que decompor as coisas. Não posso pensar em apagar o fogo. Naquele momento, só tenho que me deslocar alguns metros e passar por uma porta. Isso é tudo".

COMBATA CRENÇAS FIXAS E IRRACIONAIS

Minha família tem um cachorro, o golden retriever Odin, brincalhão e dócil. Quando o levo para passear, muitas pessoas ficam encantadas com ele. Abrem um grande sorriso e com frequência lhe fazem festinhas. Algumas, no entanto, se afastam. Explico que ele é muito tranquilo e o mantenho perto de mim. Elas sorriem e acenam com a cabeça, mas mantêm distância. Às vezes me dão uma breve explicação, como: "Tive uma experiência ruim com um cachorro quando era criança." Uma reação que não é racional: cão diferente, dono diferente, tempo, local e circunstâncias diferentes. No entanto, o medo é muito real. Ela teve uma experiência ruim com um cão. Isso provocou uma resposta de estresse e agora ela passou a temer os caes.

Esse é um exemplo de algo chamado modelo ABC em ação, desenvolvido pelo Dr. Albert Ellis em 1955 (sigla em inglês para *Activating Event, Belief, and Consequence*, ou Evento Ativador, Crença e Consequência).[10] Um evento ativador provoca uma crença sobre um evento, o que tem uma consequência. O evento não gera consequências emocionais e mentais; a crença criada pelo evento é que as produz. A pessoa que encontro durante um passeio com o cachorro me diz que sua experiência ruim (evento ativador) provocou seu medo de cães (consequência). A experiência anterior criou a crença de que os cães são assustadores e essa crença é que causa o medo atual. Os cães, em sua maioria, não são perigosos nem devem ser temidos, mas isso não importa para quem já formou uma crença contrária. Como observou Hamlet, na peça homônima de Shakespeare: "Não há nada bom ou mau, mas o pensamento o torna assim."[11] Uma pessoa acha que os cães são ruins; portanto, para ela, será sempre assim.

Todos nós carregamos sistemas de crenças formadas subconscientemente pelas experiências desde o nascimento. Um evento causa uma mudança nessas crenças, que então se generalizam; assim, uma crença sobre determinado evento passa a abranger um conjunto geral de eventos. O fato de ter sido mordido por um cachorro certa vez leva à crença de que todos os cachorros mordem. Aprender com um evento é bom e necessário: *Devo ter cuidado com cães que não conheço*. É a generalização, ou a generalização excessiva, que causa problemas.

Nossa estrutura de crenças está intrinsecamente ligada ao comportamento e ao desempenho. Os comportamentos anteriores e seus resultados afetam nossas crenças. Essas mudanças se generalizam, tornando mais provável que o comportamento se repita. O fato de eu ter ido mal em uma ou duas provas de matemática se torna uma crença de que sou ruim em matemática ou em provas, o que gera um desempenho inferior no futuro. Quando vivenciamos algo como resultado de um comportamento, isso aciona nosso sistema de crenças e aceitamos as consequências sem questionar. O que aconteceu antes criou uma crença inabalável – e agora é assim.

Os profissionais de alto rendimento aprendem a questionar e controlar seu sistema de crenças. Não podemos interferir nos eventos passados e em seus resultados, mas podemos controlar como reagimos a eles. (Os eventos e os resultados não estão sob nosso controle, mas as reações sim.)

Digamos que você deixe cair um ovo, sujando o chão. Isso cria um resultado ABC: deixei cair um ovo, acredito que sempre deixo cair ovos e a conclusão é que sou uma pessoa desastrada. Essa é uma conclusão sensata: se você acredita que sempre deixa cair ovos, então provavelmente é uma pessoa desastrada. Mas você já parou para questionar essa crença? Você *sempre* deixa cair ovos? Provavelmente não. Portanto, sua crença é o que cria a crença na falta de jeito, não o evento em si.

Agora digamos que você derrube um ovo, mas dessa vez pratique a excelência. O ovo racha e seu conteúdo escorre pelo chão. Aí vem a crença: a conclusão irracional de que sempre deixa cair ovos. Mas você intervém conscientemente com um pensamento racional: não, não é verdade, não consigo me lembrar da última vez que deixei cair um ovo. Não sou desastrado.

Crenças fixas e irracionais em geral se manifestam como uma conversa interior negativa. Quando você comete um erro, especialmente sob estresse, os pensamentos negativos podem ganhar força e sua irracionalidade ameaça transformar um erro em muitos outros. A melhor forma de interromper essa sequência é usar fatos. Quantos ovos eu derrubei nos últimos seis meses? Só esse. Ah, então nem sempre sou desastrado.

Os atletas podem consultar suas estatísticas. Um defensor interno que comete um erro num jogo de beisebol ou um receptor externo que deixa passar um passe no futebol americano sabem como essas ocorrências são estatisticamente raras e, portanto, podem se contrapor a qualquer conversa interior negativa com evidências empíricas. A conversa interior negativa pode ser autorrealizável – culpar-se por um erro leva ao próximo. A conversa interior positiva também pode. Então, quando errar, dê um tempo a si mesmo. Olhe para as evidências e sinta prazer em dizer: "Estou feliz por ter tirado isso do caminho."

A boa notícia é que vivenciamos modelos ABC todos os dias. Portanto, temos muitas oportunidades para combater os Bs e mudar os Cs. Quando ocorrer um evento ativador, observe como seu sistema de crenças entra em ação. Que conversa interior ele gera e com quais consequências? O que acontece quando você questiona uma crença para combater a conversa interior? Percebe alguma mudança emocional? Ou de comportamento? Pratique esse comportamento com a frequência suficiente e ele se tornará seu novo padrão.

Quando a dançarina competitiva Penelope Parnes comete um erro em uma coreografia, tanto em um treino quanto numa competição, é dura consigo mesma. Seu sistema de crenças fixas entra em ação. "Começo a me criticar e a me sentir frustrada. Digo a mim mesma que não consigo fazer nada, ou que é tudo muito difícil, ou que nunca consegui." Nesse momento, intervém e diz a si mesmo: "E daí se você nunca fez isso antes? Você ainda não é capaz, mas será."

Penelope pratica a autocompaixão como um meio de neutralizar suas crenças ABC. "Li certa vez que você deve se tratar tão bem quanto trata seu cachorro. Você acaricia seu cachorro e diz que ele é querido. Quando fico frustrada, acaricio meu braço, dou uns tapinhas na minha perna e digo a mim mesma que sou uma boa pessoa. Isso me acalma e me faz sorrir. Lembro a mim mesma que danço para ser feliz."

Outra abordagem é conversar consigo mesmo como um bom amigo faria. Como o amigo não tem seu sistema ABC, provavelmente não reagirá a um erro com uma crença fixa e culposa. Pelo contrário, será gentil. Ele lhe dá um feedback positivo e, talvez, um conselho construtivo. Seu sistema ABC quer prender você a um resultado ruim, mas seus cachorros e amigos o ajudarão a evitá-lo.

A CAIXA-PRETA

Na primavera de 2019, o time de futebol feminino dos Estados Unidos fez uma partida em um campo na Universidade da Califórnia em Santa Barbara. Em meio a passes, chutes e gritos, uma frase podia ser ouvida repetidamente. "Joga na caixa-preta!", gritavam as líderes da equipe Megan Rapinoe, Carli Lloyd e Alex Morgan em resposta a erros. Fui um espectador sortudo no treino, e isso foi música para meus ouvidos.

Tive o privilégio de trabalhar com a equipe na preparação para a Copa do Mundo na França. Nos campos de treinamento em San Jose e Santa Barbara, ensinei técnicas de tolerância à adversidade. Abordamos, por exemplo, como compartimentar eventos negativos. Em meio a uma disputa, se algo estiver dando errado ou acontecer algum imprevisto, deixe de lado as emoções e reações associadas ao evento para se concentrar na tarefa. A metáfora que uso é a de colocar tudo numa caixa-preta. Muitas das pessoas com quem trabalhei, como as jogadoras de futebol, jogam as coisas ruins na "caixa-preta".

A caixa-preta é uma técnica para confrontar as crenças fixas ABC. Qualquer evento negativo em meio a uma ação acionará o modelo, gerando emoções negativas em uma espiral descendente. Alex Myers, o atleta profissional de esportes eletrônicos, chama isso de "desandar", termo usado pelos jogadores para se referir à irritação ou à raiva durante um jogo. "Isso acontece o tempo todo nas competições. Estou esperando que alguém jogue de um determinado modo, mas surge algo inesperado. Quando sinto que desandei, coloco o problema na caixa-preta. Imagine uma caixa onde você joga qualquer emoção aleatória que surgir. Os fatos costumam acontecer fora do nosso controle. Nessas situações, você os joga na caixa-preta", diz.

Situações inesperadas podem prejudicar o jogo de um profissional e afetar a capacidade de sucesso. Jogar os erros na caixa-preta permite manter o foco na missão. Se você estiver dando uma palestra ou fazendo uma conferência e cometer um erro logo no início, pensar nele prejudicará o restante do desempenho. A compartimentalização – colocar as distrações em uma caixa-preta – permite se reconcentrar na missão. Quando emoções negativas começam a fluir sob a pressão do desempenho, é difícil combatê-las, mas descobri que a metáfora da caixa-preta é eficaz. Ela oferece aos profissionais um mantra para repetir e uma imagem para visualizar. Outros adotam mantras e imagens diferentes. Certa vez ouvi o astro da NFL George Kittle se referir a um botão vermelho de reinicialização que desenha no braço. Quando precisa esquecer uma jogada ruim, ele literalmente aperta o botão de reiniciar. Não importa qual seja o mantra ou a imagem, desde que você tenha algo para usar de modo consistente. O que importa é o ato físico de dizer o mantra (ou pressionar o botão) e imaginar a distração indo embora.

ESVAZIE A CAIXA-PRETA

Depois de cada jogo, Erik Spoelstra analisa com a equipe do Miami Heat os acontecimentos mais importantes. Ele chama o processo de "revisão pós-ação", o mesmo termo usado nas Forças Armadas quando eu servia. "O que houve de fato, o que foi bom, o que podemos aprender, o que podemos fazer melhor?", pergunta à equipe. "Entrar nessa rotina nos ajuda a sair do mindset baseado em resultados e a adotar uma abordagem de processo. Sempre há algo para melhorar e aprender. Incentivamos todos a serem realistas e vulneráveis, e a terem coragem de reconhecer suas culpas. Assim, os jogadores começam a ficar mais dispostos a admitir o que os incomoda. Ultrapasse esse obstáculo e você terá um espaço seguro."

No decorrer de um jogo, há muito o que colocar na caixa-preta, como uma jogada perdida ou uma decisão ruim dos árbitros. A revisão pós-ação de Erik permite esvaziar a caixa e limpá-la para que a equipe esteja pronta para o próximo jogo. Jogadores e treinadores analisam os eventos a distância, separados da emoção do momento. Isso lhes dá uma perspectiva mais objetiva, para que possam avaliar o desempenho não para criticar, mas para aprender. As análises são uma parte importante da cultura da equipe e podem trazer à tona questões que vão além do que aconteceu na quadra. "Todo mundo sabe o que é preciso para vencer", diz Erik. "Mas, quando você entra na temporada e começa a competir, existem fatos que atrapalham. Agendas pessoais, barulho da mídia. Se não lidar com isso, se prejudicará. Você precisa ser objetivo com os acontecimentos." A técnica de Erik para evitar a fragmentação da equipe é fazer essas revisões pós-ação.

Se você coloca tudo na caixa-preta, precisará retirar em algum momento. Reveja as ações e as emoções mais importantes do desempenho – boas e ruins –, analisando objetivamente o que aconteceu e por quê. Reduza as emoções e remova as recriminações para se concentrar em aprender e crescer com a experiência. Ao abrir a caixa, busque um espaço emocional seguro, longe de pessoas que possam distorcer o processo com críticas. Comece validando as emoções do momento; ficar frustrado ou com raiva de um erro é normal. Se algo deu errado e você teve uma reação emocional, convém analisá-la de acordo com o modelo ABC. Que crença desencadeou a emoção ou a conversa interior? Foi uma crença racional? Muitas vezes os erros de desempenho desencadeiam emoções baseadas na reputação: cometi um erro e agora todos pensarão mal de mim. Se isso estiver acontecendo, volte ao momento e concentre-se em sua identidade e seus valores.

Depois que as emoções se dissiparem, você poderá avaliar objetivamente seu desempenho e melhorá-lo. O piloto acrobático Anthony Oshinuga tem um bom exemplo: "No início da minha carreira, estava praticando uma manobra chamada peixinho dourado com um instrutor de voo. É muito difícil, pois fico pendurado de cabeça para baixo por algum tempo. Acabei desmaiando por causa da força g. Quando voltei a mim, perguntei ao instrutor se poderíamos repetir a manobra. Repetimos e desmaiei de novo!"

Após cada voo, Anthony costuma se sentar na cabine do avião para relembrar o que aconteceu. Depois dos peixinhos dourados, ele sabia que precisaria aumentar sua resistência à força g. "Passei um mês inteiro estudando o que ocorre quando alguém passa por esse tipo de força g, o que houve comigo e por que fiquei inconsciente. Aprendi que deveria me exercitar mais e ficar mais forte, para não desmaiar quando minha posição se invertesse." A rotina de abrir a caixa-preta ajudou Anthony a desenvolver um plano para reduzir o estresse em voos futuros.

PENSE NA EQUIPE

Uma última forma de lidar com o estresse é lembrar por que você está fazendo aquilo. Existem os fatores abordados no Capítulo 3, em que aprendemos sobre o credo pessoal e o motor. Mas muitas vezes há outro componente no propósito: a equipe. Em muitos desempenhos, você não está sozinho. Há uma equipe a sua volta e por trás de você. Ter isso em mente pode ter uma poderosa influência tranquilizadora antes e durante uma apresentação.

Observei esse efeito em ação muitas vezes no trabalho com os SEALs, que formam uma comunidade em que os laços de equipe são especialmente fortes. Os SEALs se preocupam mais com os colegas do que consigo mesmos; seus sentimentos são semelhantes ao desvelo que os pais têm pelos filhos. Quando iniciam uma missão ou exercício, observam a equipe, sabendo que a pressão do sucesso não recai toda sobre seus ombros. Sabem que ninguém desistirá e que terão ajuda a cada passo. Ter consciência da presença e do apoio dos colegas motiva e acalma.

Tim Murphy é psicólogo, escritor e ex-deputado dos Estados Unidos (2003 a 2017). Nós nos conhecemos em 2011, quando eu era o principal psicólogo das equipes SEAL da Costa Oeste e ele era oficial da reserva da Marinha (enquanto atuava no Congresso). Ele estava a bordo de um porta-aviões, o *USS Carl Vinson*, quando o navio estava fundeado em Coronado e um dia me ligou para saber se poderia ir à base para aprender mais sobre os programas de resistência mental.

Tim sempre foi defensor da saúde mental e se orgulha do projeto de lei de saúde mental familiar que idealizou após o tiroteio em massa na Escola Elementar Sandy Hook, em Newtown, Connecticut, em 2012. Suas sugestões foram aprovadas pelo Congresso e transformadas em lei. Ele relembra as audiências para o projeto de lei e as pressões políticas que sofreu. "O processo de revisão de um projeto de lei é brutal", diz. "Alguns colegas da Câmara queriam soltar os cachorros em cima de mim." Para lidar com o estresse, Tim manteve sua equipe em mente o tempo todo; sua equipe, no caso, eram as pessoas para quem ele escreveu a legislação. "Meu projeto de lei foi motivado por tiroteios em massa, e eu tinha conversado com muitas vítimas e suas famílias. Quando a audiência começou, havia fotos de todas as crianças que morreram em Sandy Hook na mesa à minha frente. Não era por mim, era por elas. Era uma batalha e o jogo havia começado."

Patty Brandmaier também atenuou o estresse em momentos importantes concentrando-se na equipe. Após se formar na Universidade Estadual da Pensilvânia, foi contratada pela CIA e ficou lá 32 anos. Chegou à equipe executiva sênior, reportando-se ao diretor da agência. Atuou tanto no país quanto no exterior, liderou várias missões críticas e gerenciou as relações com o Congresso e o Departamento de Defesa dos Estados Unidos. Ao se aposentar, em 2014, recebeu três honrarias exclusivas, bem como a medalha Distinguished Career Intelligence (medalha de carreira meritória na Inteligência).

"Comecei na área analítica, mas acabei percebendo que não gostava. Meu maior desafio foi desenvolver uma abordagem disciplinada para fazer o que não me entusiasmava. Mas eu gravitava em torno de assuntos que me agradavam e mesmo assim eles continuavam me promovendo."

A carreira de Patty incluiu vários cargos de crescente responsabilidade no Centro de Contraterrorismo da CIA. Quando o primeiro avião atingiu o World Trade Center, em Nova York, no dia 11 de setembro de 2001, ela sabia o que fazer. Não tinha tempo de assimilar o estresse; uma nova equipe precisava ser formada. "Tínhamos de nos organizar e nos preparar para o que viesse em seguida, de modo a proteger o país. Enquanto as pessoas deixavam o prédio, eu me dirigia ao Centro de Contraterrorismo."

Patty era versada em muitas das técnicas de gerenciamento de estresse que detalho neste capítulo, inclusive em como canalizar as emoções em meio a desafios. "Sou uma pessoa emotiva", diz. "Já chorei até na frente do diretor. As emoções são contagiosas. Aprendi isso da maneira mais difícil. Minhas emoções costumavam afetar outras pessoas. Um dos meus princípios de liderança é entender a si mesmo. Tive de aprender o que desencadeava minhas emoções para administrá-las." O sofrimento com os ataques terroristas do 11 de Setembro foi um desses gatilhos. Patty e sua equipe correram para criar um centro de gerenciamento de crise, no sentido de ajudar o país a entender as ameaças – o que era real e o que não era. "Não sabíamos o que estava por vir. Trabalhávamos 24 horas por dia, sete dias por semana, e as pessoas estavam assustadas. Sabia que o modo como eu me apresentava diante delas era importante."

Patty está certa: o estresse pode ser contagioso. Dominar as técnicas expostas neste capítulo ajudará a melhorar não só seu desempenho como também o das pessoas ao redor. "Não podia permitir que meu estresse e minha ansiedade se disseminassem. Foi a partir desta constatação que conseguimos, juntos, gerenciar nosso estresse", observa Patty sobre o 11 de Setembro.

ABRACE O BOM ESTRESSE

Para o neurocirurgião Joe Maroon, estresse e mindset estão intrinsecamente ligados. "Estresse é bom. Precisamos dele. Para ser um atleta melhor, você tem que trabalhar seus músculos. O estresse faz o mesmo com seu mindset. Ele aumenta seu foco e sua intensidade. Existe o estresse bom e o ruim. Os melhores profissionais aprendem a lidar com o estresse para poderem sintonizar o canal do estresse bom", diz.

O saltador de penhascos David Colturi pensa algo semelhante. Quando está no topo da plataforma, olhando para a água quase 30 metros abaixo, ele sente medo. "Para os atletas de elite, o estresse – assim como o medo – nunca está ausente. Então, como posso usá-lo a meu favor? Tento aproveitá-lo como motivador. Se sinto ansiedade, como ao dar uma entrevista ou fazer uma palestra, isso me motiva a me preparar mais, o que melhora meu desempenho. O medo todos os dias me ajuda a melhorar", afirma.

Neste capítulo aprendemos a nos preparar e a atenuar a resposta humana ao estresse. Atenuar, não eliminar, pois, embora o estresse tenha muitos efeitos ruins, também há efeitos bons. Se você praticar as técnicas apresentadas até que se tornem automáticas, conseguirá eliminar (ou reduzir significativamente) o estresse em sua vida. Ele não desaparecerá, o que é bom. Mas você saberá transformá-lo em uma força positiva para seu desempenho.

Os psicólogos Alia Crum, Peter Salovey e Shawn Achor chamam isso de "paradoxo do estresse". Em um artigo de 2013, eles citam estudos que documentam os aspectos positivos do estresse, tanto no momento (mais consciência, mais foco) quanto a longo prazo (mais iniciativa, novas perspectivas, sensação de proficiência e mais significado). Esses são os marcadores do "crescimento relacionado ao estresse, no qual as experiências estressantes mudam fundamentalmente os indivíduos para melhor". Os psicólogos também demonstram que o mindset de uma pessoa a respeito do estresse é, por si só, uma variável que afeta a resposta humana a ele. A maioria de nós acredita que o estresse é prejudicial e debilitante. Esse mindset, na verdade, exacerba os efeitos negativos. É nosso próprio círculo vicioso estresse-mindset. Inverter essa crença pode criar um "mindset de que o estresse fortalece" – o que já é uma técnica de controle do estresse.[12]

Não estou dizendo que o estresse é bom, pois pode ser desencadeado por situações difíceis que é melhor não vivenciar. Mas, independentemente de advir de problemas grandes, médios ou simples, o estresse é um sinal, para o corpo e a mente, de que algo importante está a caminho. Isso pode ser benéfico. A Dra. Kelly McGonigal, em seu livro *O lado bom do estresse*, observa que "estresse é o que surge quando algo importante para você está em jogo".[13] Se conseguirmos administrar melhor nossa resposta, estaremos nos preparando para fugir menos e avançar mais.

Pete Naschak, o SEAL aposentado, passou muito tempo treinando outros profissionais de alto rendimento em desempenho mental, inclusive vários atletas olímpicos. "Fico incomodado quando dizem que é apenas mais uma competição", diz. "Isso é como alguém correr sob a chuva dizendo: 'Não está chovendo.' Mas está. Não é só mais uma competição, são as Olimpíadas!" As técnicas que abordamos neste capítulo lhe darão confiança para se sentir preparado para lidar com a adversidade quando ela surgir. Você poderá atenuar e combater os efeitos negativos do estresse de modo a ser mais capaz de abraçar os aspectos positivos.

"Não se livre do nervosismo. Use-o. O nervosismo é seu corpo dizendo que algo é relevante. É importante ter um pouco de medo. Ele aguça os sentidos, mantém a consciência e diz que é hora de agir. Quando estou no campo de batalha, não quero ser Gandhi", afirma Pete.

DISCIPLINA MENTAL
PLANO DE AÇÃO – TOLERÂNCIA À ADVERSIDADE

FORÇA OU RESISTÊNCIA MENTAL É A CAPACIDADE DE GERENCIAR A RESPOSTA HUMANA AO ESTRESSE EM SITUAÇÕES DESAFIADORAS. PARA DESENVOLVER A RESISTÊNCIA MENTAL, PRATIQUE E USE AS SEGUINTES TÉCNICAS:

Visualize as próximas ações com os cinco sentidos. Assim, na hora de realmente atuar, você terá a impressão de que já executou aquela ação. Use a visualização também após o evento, para analisá-lo e aprender com a experiência.

Tenha um plano de contingência para tudo que possa dar errado. Pratique o suficiente para desenvolver a automaticidade e poder agir corretamente no momento, sem precisar pensar.

Tenha consciência de si mesmo. Antes do evento, faça um levantamento dos sinais vitais de seu desempenho mental para reduzir distrações. Aborde ou reconheça fatores em vários aspectos da vida que possam estar causando estresse.

Respire 4444. Pratique a respiração: quatro segundos para a inspiração e de quatro a seis para a expiração. Faça isso durante quatro minutos, quatro vezes por dia.

Estabeleça rotinas de pré-apresentação – um sinal físico para o corpo e a mente de que um evento que exigirá alto desempenho está a caminho.

Divida metas grandes e assustadoras em outras menores e mais fáceis.

Combata crenças fixas e irracionais, e a conversa interior negativa que as acompanha, com conversas interiores racionais, positivas e baseadas em evidências.

Se algo inesperado acontecer durante um evento, coloque-o na caixa-preta e guarde mentalmente pelo tempo necessário para não causar mais distrações.

Após as ações, abra a caixa-preta. Reveja os principais eventos e emoções de seu desempenho, tanto bons quanto ruins. Depois analise objetivamente tudo que aconteceu e por quê.

Para se inspirar e se tranquilizar, pense nos colegas antes e durante os eventos.

CAPÍTULO 7

Equilíbrio e recuperação

Eu dizia que não tínhamos nenhum idiota na equipe. Mas, se eu estava sendo idiota, como podia dizer que não havia nenhum?

– Steve Idoux, produtor e presidente da Lockton Dallas

Steve Idoux sempre acreditou que trabalharia melhor do que todo mundo e que esse seria seu caminho para o sucesso. "Minha atitude era: Vou trabalhar mais horas. Atenderei sua ligação à meia-noite, às 5 da manhã, no fim de semana. Estava sempre tomando Coca-Cola Diet. Sou mais forte que você, tenho mais energia", conta. Certo dia, Steve estava em seu escritório, exausto após um jantar com um cliente na noite anterior. "Algo tinha acontecido com um cliente e um dos membros da equipe veio falar sobre o assunto. De repente, comecei a gritar! Eu me lembro da expressão no rosto dele. Aí pensei: Não quero ser essa pessoa. Esse não sou eu. Não é disso que esta empresa precisa. Eu era entusiasmado, mas parecia que estava intimidando as pessoas. A ironia é que, à medida que comecei a obter mais sucesso, passei a me irritar mais. Queria ser como o Steve Jobs e nunca baixar nossos padrões. Quando achava que isso estava acontecendo, reagia com violência. Eu dizia que não tínhamos nenhum idiota na equipe. Mas, se eu estava sendo idiota, como podia dizer que não havia nenhum?", relembra.

Comecei a trabalhar com Steve em 2019. Uma de nossas prioridades era o equilíbrio. Ele estava investindo demais na carreira e não dava atenção suficiente a outros aspectos da vida. Ele não é o único assim. Na verdade, a história dele pode soar familiar para você. Muitos de nós nos definimos pelo que fazemos, quando, na verdade, somos muito mais.

Quanto mais? Para mim, seis pilares compõem uma vida:

- Trabalho – seu emprego e sua carreira
- Relacionamentos – românticos, familiares, amigos e colegas
- Saúde – exercícios, nutrição e outros aspectos do bem-estar físico
- Espiritualidade – crença e prática de que há algo com um propósito além de nosso ser físico e mental. Pode incluir religião, mas pessoas não religiosas também têm espiritualidade.
- Hobbies – o que fazemos por diversão, educação ou participação
- Legado – o que deixaremos?

Uma vida completa e feliz não deriva apenas de um ou dois desses pilares; baseia-se nos seis. Penso neles como pilares que sustentam uma casa. Uma casa construída sobre apenas dois ou três será instável. Se um deles for comprometido, a estrutura pode desmoronar. Mas se a casa tiver uma base sólida de quatro, cinco ou seis pilares, será sólida como uma rocha, mesmo que alguns sejam danificados. Quando as pessoas estão desequilibradas, erguendo sua estrutura sobre apenas um pilar, o fracasso tem consequências maiores e o estresse aumenta. Se tudo que você tem é seu emprego ou carreira, é bom que seja espetacular, pois não há mais nada. Quando alguma adversidade ocorre, o equilíbrio o ajuda a se manter firme. Você tem outras áreas em que se apoiar. Os melhores e mais saudáveis profissionais que já conheci alimentam e regam seus seis pilares constantemente (e nenhum deles se incomoda com metáforas!). Mas não existe uma fórmula única e ideal, pois cada pessoa é diferente. Portanto, o foco deve estar mais no equilíbrio (analisando periodicamente como você está cuidando de cada pilar) do que no resultado (X horas neste pilar, Y horas naquele).

Quando trabalhava com os SEALs, às vezes percebia certo preconceito contra o equilíbrio. Se você não estivesse exclusivamente focado em ser um ótimo SEAL, a ideia geral seria que não se sairia muito bem. Não é verdade. O equilíbrio melhora o desempenho. O melhor exemplo que conheço é o do arremessador de beisebol Rich Hill, um dos atletas mais intensos, disciplinados e concentrados com quem já trabalhei. Já o vi, inúmeras vezes, mobilizar os colegas de equipe apenas com sua intensidade. Porém, fora das quadras, Rich é um exemplo do que significa ser pai, marido e membro da comunidade. "Jantamos juntos todas as noites", diz Rich sobre a vida familiar. "Quando entro em casa, deixo todo o resto lá fora. Em casa, você é pai e marido. Quando está em campo, é um colega de equipe, um competidor e um amigo."

Diversos estudos confirmam a importância do equilíbrio – que gera mais felicidade, melhor desempenho, maior produtividade, menor desgaste, maior satisfação no trabalho, mais saúde, mais criatividade e mais longevidade. Uma pesquisa realizada em 2013 com 1.416 pessoas em sete países revelou que as que têm vidas mais equilibradas se sentem mais satisfeitas e menos ansiosas e deprimidas.[1] Uma análise de 2009 concluiu que empresas com melhores práticas de equilíbrio apresentam um nível mais alto de recrutamento e retenção.

O equilíbrio também é importante para transições bem-sucedidas. Já vi muitos SEALs enfrentarem dificuldades após deixarem a Marinha, enquanto outros se saem muito bem. A diferença costuma estar na saúde dos pilares. Quem tem uma vida familiar, espiritual e comunitária satisfatória sempre se sai melhor.

No Capítulo 3 falamos sobre a definição de metas para cada um dos seis pilares. Quando meus clientes fazem esse exercício pela primeira vez, quase sempre se concentram em apenas um ou dois pilares, em geral trabalho e relacionamentos (principalmente familiares). O que é bom e esperado, mas não basta. O que você deseja alcançar nas seis áreas? Os hobbies, por exemplo, além de diversão podem ser úteis – como aprender um idioma, cozinhar, viajar para um novo país ou região.

O objetivo não precisa ser alcançar o equilíbrio a curto ou médio prazo. Há momentos em que devemos nos dedicar a apenas um ou dois pilares (geralmente trabalho ou família). Nesses casos, esteja ciente do déficit nos outros pilares e assuma o compromisso mental de reequilibrar tudo a curto prazo. Planeje férias, por exemplo, não apenas para se divertir com entes queridos, mas também para investir em hobbies, espiritualidade e outros pilares que estejam enfraquecidos. Isso é fundamental para alcançarmos a excelência.

Definir tantas metas pode ser intimidador. Não há problema em tornar o processo um pouco menos complexo. Posso estabelecer uma meta de jogar tênis com minha mulher semanalmente (presumindo que ela esteja de acordo!), o que contaria como meta de saúde, hobby e relacionamento. (Mas rezar para os deuses do tênis antes da partida não cumpre uma meta espiritual.) Como observa Ben Potvin, ex-ginasta e diretor de criação do Cirque du Soleil: "Ser equilibrado não é destino. Você precisa concentrar energia em seus pilares ao longo do caminho e continuar crescendo em cada um deles."

DEIXE PRATINHOS CAÍREM

Mesmo facilitando alguma meta ocasional, estabelecer metas em seis pilares diferentes pode parecer avassalador. Já é difícil cuidar do trabalho e da família, certo? Deena Ryerson, a procuradora-geral assistente sênior do Oregon, lembra que "nossa geração dizia que as mulheres podiam ter tudo: uma carreira, uma família, uma vida. Mas aprendi que não se pode ter tudo e fazer tudo *bem-feito*. Tentei durante anos e paguei caro. Investi muito mais na carreira do que na família, e me arrependo até hoje". Alternando-se entre os papéis de advogada e mãe, Deena sentiu que não desempenhava nenhum dos dois da melhor forma. Ficava nervosa com fatos que normalmente não a afetariam. "O problema não é a louça, são os outros assuntos."

Quando comecei a trabalhar com Deena, ela percebeu que *poderia* ter tudo, mas não ao mesmo tempo. Criando dois filhos, começou a mudar prioridades e metas com base nas circunstâncias. "Alguns pratinhos têm que cair. Quando você percebe isso, precisa se perdoar. Não posso ser tudo que desejo no trabalho sem sacrificar o que sou na família e vice-versa. Agora, quando o trabalho não está a todo vapor, passo mais tempo com a família. Começo sempre com o que não é negociável. Um julgamento próximo entra nesse caso. Mas não perderia a festa de formatura do meu filho por nada, isso também é inegociável. Listo os inegociáveis e vejo o que sobra."

Quando se trata dos pilares, o momento certo é tudo. As idades e os estágios mudam. Em meio à carreira e criando uma família, Deena precisa concentrar a maior parte do tempo e da energia nesses dois pilares, enquanto os recém-aposentados ou os pais cujos filhos já deixaram o ninho podem se dar ao luxo de desenvolver hobbies e participar mais da vida comunitária. Não há problema se em determinado momento você não estiver 100% equilibrado – com tempo e atenção distribuídos equitativamente entre os pilares. O que é bom, pois, como Deena e muitos outros sabem, isso às vezes não é possível. Mas esteja ciente do desequilíbrio e tenha um plano para lidar com ele quando as circunstâncias mudarem.

Use a moeda do tempo. No Capítulo 5 falamos sobre o desenvolvimento de um processo para gerenciamento que lhe garanta mais tempo nas grandes prioridades. Para manter o equilíbrio, dê um passo adiante e identifique como está usando suas horas. Reserve tempo para o trabalho, é claro, mas também para saúde, família, amigos, reflexão espiritual e assim por diante. Se codificar cada área por cores, poderá consultar determinada semana na agenda e ver os equilíbrios e desequilíbrios. Se houver desequilíbrio, poderá ajustar o modo como investe seu tempo, seja agora ou no futuro. Mas não se deixe enganar. Alcançar o equilíbrio nos próximos dias e semanas pode não ser possível. Pratinhos cairão. Mas e quanto aos meses? Com certeza haverá espaço para investir em todos os aspectos da vida nesse período. Não se trata de um luxo. O alto desempenho – tanto agora quanto no futuro – exige isso.

Ao investir tempo e atenção em vários pilares, evite distrações. Estar presente e permanecer no momento podem ser clichês, mas são vitais para o equilíbrio. Obviamente um profissional precisa estar concentrado ao trabalhar – você não gostaria que seu médico pensasse em um compromisso futuro em meio a sua cirurgia. Mas o inverso é também verdadeiro. Assim como queremos permanecer presentes quando estamos atuando – evitando distrações –, manter o equilíbrio exige a mesma disciplina em cenários de não atuação. Com que frequência seus pensamentos se desviam para aquela reunião ou evento importante que está por vir quando você está brincando com seus filhos ou jantando com sua parceira ou parceiro? Muitas vezes, certo? Essa é uma oportunidade de melhoria para a maior parte das pessoas. Deixe de lado os pensamentos sobre o que virá a seguir e permita-se permanecer onde está.

O CAMINHO PARA A RECUPERAÇÃO

Quando o Navy SEAL Marcus Luttrell retornou ao Texas, após dias terríveis no Afeganistão, passei uma semana com ele e sua família ajudando-o a se readaptar à vida doméstica. Poucos dias após minha chegada, alguns amigos dele apareceram. Queriam ajudar Marcus e acharam que seria bom levá-lo a uma atividade recreativa. A atividade escolhida? Tiro ao alvo!

Pense em um carro de corrida se deslocando a toda velocidade em uma pista. Para mantê-lo nesse ritmo, será preciso, de vez em quando, levá-lo ao box para trocar pneus, encher o tanque, verificar os freios e a direção, entre outras medidas que assegurem o bom funcionamento. No final da corrida, ele passará por um extenso processo de manutenção e reequipamento. Só então estará pronto para a corrida seguinte. O mesmo acontecia com Marcus. Ele ainda não estava pronto para disparar uma arma, nem por esporte. Precisava de mais tempo de recuperação. Conversei com os amigos bem-intencionados e acabamos descobrindo outra atividade que poderiam fazer juntos, algo divertido que daria a Marcus o tempo e o espaço necessários para avançar em sua recuperação: pescar.

Um elemento fundamental para se tornar um excelente profissional é proporcionar a si mesmo o tempo e o espaço necessários para se recuperar de uma situação que exigiu alto desempenho. O alto desempenho acelera o estresse, e a recuperação oferece a possibilidade de desaceleração. Inclua essa possibilidade no seu dia. Se necessário, anote na agenda. Pete Naschak, ex-SEAL, observa que muitas vezes sua recuperação era melhor quando ele estava em alguma missão, pois sempre reservava tempo para ela. "Eu ficava mais concentrado no tempo livre quando estava no Iraque. Não havia distrações", diz.

A recuperação é mais desafiadora na vida civil de Pete, diante dos acontecimentos em casa, no trabalho e na rotina em geral. Ele enfatiza a importância de se esforçar na recuperação. "Quando você tem tempo livre, será que o tempo está mesmo livre?"

A recuperação pode ser qualquer atividade que lhe dê prazer e paz sem ativar uma resposta de estresse: levar as crianças para tomar sorvete, preparar uma refeição com uma parceira ou parceiro, passear com o cachorro, caminhar num parque. São atividades em que não há pressão, crítica, competição nem ansiedade. Muitas pessoas com quem trabalho, como o técnico da NBA Erik Spoelstra, são ávidos fãs de exercícios. "Todos sabem que precisam me dar esse tempo (para me exercitar), principalmente depois de um jogo difícil", diz. "Quando comecei com os exercícios, minha equipe ficava me interrompendo. Tive de fazer uma reunião para pedir que me deixassem em paz nesse tempo: 'Estou fazendo isso para poder ser melhor para vocês.'"

A melhor ferramenta de recuperação é a que todos nós temos à disposição: o sono. Infelizmente, embora o sono seja fácil para algumas pessoas, é mais difícil para outras. Para essas, gosto de recomendar suco de cerejas ácidas (também conhecidas como ginjas). Essas cerejas, de um vermelho vivo, são menores e mais ácidas que suas primas doces e de matizes mais profundos, com as quais se faz sorvete. As cerejas ácidas constituem uma boa fonte de antocianinas – que lhes conferem a pigmentação e estão associadas a efeitos anti-inflamatórios e antioxidantes. São também uma ótima fonte de melatonina, hormônio que ajuda a regular o sono. Tantas propriedades explicam sua variedade de benefícios: entre eles, redução de inflamações, recuperação muscular e (tchan-tchan-tchan-tchan!) maior duração e melhor qualidade do sono. Por isso muitos Navy SEALs, assim como atletas profissionais, bebem meio copo de suco de cereja ácida antes de dormir.

Se o suco de cereja ácida é o mocinho do sono, seus inimigos são o celular, o tablet, o computador ou a tela da TV. A glândula pineal do cérebro recebe sugestões da luz. Antes de os seres humanos descobrirem como obter luz, o pôr do sol ativava a glândula pineal, inundando o corpo com melatonina, um hormônio associado ao ritmo circadiano natural. A melatonina ajuda na transição do corpo para o modo de sono. A luz produzida pelo ser humano atrasa esse processo, e a luz azul emitida por telefones e outras telas é a pior. Esse tipo de luz possui um comprimento de onda mais curto e energia maior do que as de outras cores – o que é ótimo para aumentar o estado de alerta e a atenção, mas prejudicial quando o objetivo é dormir.

Se você estiver ao telefone ou no laptop à noite, estará dizendo ao seu cérebro que não é hora de dormir. Para muita gente, é loucura desligar o celular ou a TV, apagar a luz e esperar o sono chegar rapidamente. Não é assim que o corpo funciona. Tente passar no mínimo uma hora sem nenhuma tela antes de apagar as luzes, ou, pelo menos, coloque a tela no modo noturno, que reduz a luz azul.

Muitos profissionais de elite com quem trabalhei usam tanques de privação sensorial (também conhecidos como tanques de flutuação) para se recuperar. Um tanque de flutuação é um tanque fechado preenchido com água morna saturada com sal. A estrutura permite que as pessoas mantenham sem esforço os olhos, o nariz e a boca confortavelmente acima da superfície. O tratamento é conhecido como Floatation-REST (*Reduced Environmental Stimulation Therapy* – Terapia de Estimulação Ambiental Reduzida). Os tanques de flutuação foram criados na década de 1950 por pesquisadores que tentavam entender como o cérebro responde a um ambiente desprovido de estímulos sensoriais. Descobriram que, em vez de adormecer, as pessoas em um ambiente assim permaneciam acordadas e conscientes. Foi um resultado interessante, mas também um pouco problemático, já que os tanques originais eram verticais e exigiam que os participantes usassem um capacete pesado para respirar. Como resultado, o mercado de tanques de flutuação era limitado apenas a indivíduos muito motivados, como os astronautas da NASA. Felizmente, os tanques se tornaram horizontais e mais espaçosos, e hoje existem centenas de centros de Floatation-REST nos Estados Unidos.

Pouquíssimos seres humanos conseguem suportar uma privação sensorial total. Sempre há algo fazendo cócegas em algum dos cinco sentidos. Mesmo no útero, o feto vivencia sons e movimentos físicos. Portanto, privar uma pessoa de todas essas entradas sensoriais – como em um tanque de flutuação – constitui uma experiência intensa. E se eu privasse você de comida e bebida (exceto água) por uma semana? Ao final, você estaria faminto e desconfortável (e com raiva de mim!), mas tudo bem. Se eu lhe desse uma maçã, você a morderia e acharia que é a mais deliciosa que já provou. Privado de qualquer alimento por uma semana, suas papilas gustativas ficariam hipersensíveis a qualquer ingestão.

Os tanques de flutuação têm o mesmo efeito, mas para o cérebro. Ao sair da flutuação, onde foi privado de todas as entradas sensoriais por determinado período, o cérebro (e a mente) fica como aquelas papilas gustativas sem comida por uma semana. Ele se torna hipersensível a qualquer estímulo, criando uma capacidade aprimorada de pensar e se concentrar. Já vi isso funcionar com muitas pessoas, inclusive Navy SEALs e jogadores do Los Angeles Dodgers (ambas as organizações usam tanques de flutuação). Todos tiveram seu foco aumentado significativamente por alguns dias após as sessões de flutuação. Os SEALs passaram a atirar melhor; os jogadores de futebol, a enxergar melhor a bola; e os executivos, a descobrir novas soluções para problemas antigos. (A privação sensorial total pode ser intimidadora. A maioria dos tanques oferece a opção de luz fraca e/ou sons suaves para ajudar os novatos a se familiarizar com a experiência.)

Caminhadas na natureza são outro modo benéfico de se recuperar. A maioria de nós vive em cidades e passa a maior parte das horas de vigília em ambientes fechados. Portanto, estamos em geral longe da natureza. Um número crescente de pesquisas estabelece uma ligação entre essa separação e o aumento das doenças mentais. Quanto mais nos afastamos da natureza, mais deprimidos e ansiosos ficamos. Um retorno a áreas verdes, mesmo que por apenas uma ou duas horas, pode gerar notáveis efeitos restauradores, segundo diversos estudos. Uma pesquisa de 2018 revelou que essa imersão tem um efeito restaurador maior do que assistir a um vídeo sobre a natureza ou fazer exercícios físicos.[2] Um artigo de 2015 afirma que uma caminhada de 90 minutos na natureza gera uma redução na ruminação (processo prejudicial de se concentrar em causas e consequências emocionais) e na atividade de uma parte do cérebro (o córtex pré-frontal subgenual) associada à tristeza.[3] Melhora o humor, desacelera pensamentos e reduz a tristeza. Não se trata de uma sugestão de algum guru da moda: é a fisiologia em ação.

Caminhar na natureza é fácil. Você não precisa se deslocar até um parque nacional nem uma floresta. Um parque ou jardim local servem perfeitamente. No entanto, exige um pouco de concentração. Guarde o telefone e resista ao impulso de colocar fones. Deixe que seus cinco sentidos se sintonizem com a natureza. Preste atenção nos sons dos pássaros, observe as plantas e árvores, sinta o ar no rosto e a terra sob os pés. De certa forma, a imersão na floresta é uma atividade oposta nos tanques de flutuação, pois ativa os cinco sentidos em vez de desligá-los. Os efeitos benéficos, no entanto, são semelhantes: energia renovada e maior concentração.

Outras técnicas de recuperação que vi funcionarem muito bem incluem ioga e meditação. Há ainda a abordagem de Mike Dowdy. O campeão de *wakeboard* recorre a sessões de tanque de flutuação, sono e contato com as pessoas que ama. Mas também defende a prática de atividades nas quais é péssimo. "Apareceu um novo esporte: o *wake foiling*",* diz. "A forma de

---

* Esporte semelhante ao windsurf, mas praticado com duas pranchas conectadas no sentido da altura, a cerca de meio metro uma da outra. Isso faz a de cima se elevar acima da água juntamente com o praticante. (*N. do T.*)

pilotar é muito diferente da que se usa no windsurf; é como pilotar uma asa. Eu sou péssimo nisso! É superdifícil! Então esqueço o que aprendi e deixo a mente aberta. Não penso nem me esforço demais, só me divirto." Tentar algo novo assim dá a Mike a chance de esquecer o estresse do treinamento e da competição estando em ação. Ele pode não estar repousando o corpo, mas está descansando a mente.

A guitarra de Nathan Chen tem a mesma finalidade. "Na patinação artística, tento alcançar uma versão de excelência. Em outras atividades, como tocar um instrumento, não. Posso até me esforçar para melhorar, mas nunca fico frustrado. Não preciso ser o melhor guitarrista." (Tentei entrar em contato com Eric Clapton para saber como a patinação artística o ajuda a se recuperar do fato de ser o melhor guitarrista do mundo, mas ele ainda não me respondeu.)

Por fim, há a técnica de Erick Spoelstra para ajudar sua equipe a se recuperar de um período difícil: a prática da gratidão. Ela tem todos os tipos de efeito benéfico. Segundo um estudo de 2020, reduz a depressão e a ansiedade, assim como permite respostas moderadas ao estresse. Portanto, Eric está seguindo a ciência.[4] "Eles às vezes entram no vestiário (após um jogo) esperando levar uma bronca. Em vez disso, peço que todos se sentem em círculo e pergunto: pelo que vocês se sentem gratos além deste jogo? Ou pergunto: como vocês chegaram até onde estão? Algumas das melhores reuniões são aquelas em que os caras apenas contam suas histórias. Costumo propor um exercício: 'Quando saírem daqui, entrem em contato com duas ou três pessoas que ajudaram vocês.' Uma semana depois, eu pergunto quem foram." A abordagem de Erik melhora o equilíbrio e a recuperação. A prática leva os jogadores a se lembrarem de quem são fora do basquete e do que realizaram apenas para estarem ali, ao mesmo tempo que lhes dá oportunidade de recarregar a bateria.

BEM-VINDO À WILLIAMS SONOMA

Após vários anos de carreira na CIA, os progressos de Patty Brandmaier estagnaram. Seu chefe disse que sua carreira como analista poderia estar em risco. Foi um momento de encontro com ela mesma que se revelou um catalisador para o futuro sucesso. Patty considerou o que valorizava, como queria ser conhecida, do que gostava e onde gostaria de causar mais impacto. Depois ajustou a forma como abordava o trabalho e a vida. A partir daí, em meio a sucessos e contratempos, sempre reservou algum tempo para refletir sobre as experiências e o que aprendeu a respeito de si mesma e de seus valores. "Todas as vezes que vacilei foi porque perdi de vista minhas metas e valores. Ao voltar a eles, recuperei minha estabilidade, em relação a mim mesma e aos outros." O foco na própria identidade impulsionou o crescimento, o impacto e a trajetória de sua liderança.

Para manter essa perspectiva, Patty concluiu que precisaria de mais equilíbrio na vida. Achou que passar menos horas na agência e dedicar mais tempo a outras atividades seria útil para mantê-la em sintonia com suas metas e valores fundamentais. Como adora aprender e cozinhar, conseguiu um emprego à noite na Williams Sonoma, uma varejista de artigos para cozinhas de luxo. Ela até ajudou na abertura de uma loja nova. Além de atuar no varejo, Patty investiu mais tempo levantando pesos na academia e andando de bicicleta. O novo equilíbrio a ajudou a recolocar a carreira nos trilhos.

O equilíbrio entre vida pessoal e profissional tornou-se um clichê. No entanto, é fundamental para o desempenho. Uma pessoa que investe apenas em um ou dois aspectos da vida está se preparando para um desempenho abaixo da média. Isso não significa que você precise prestar atenção todos os dias (nem todas as semanas ou todos os anos) nos seis pilares da vida. A realidade determina que, muitas vezes, você precisará ignorar alguns. Mas imagine uma forma de reequilibrar tudo no futuro.

Se não tiver certeza de como fazer isso, passe na loja Williams Sonoma local e pergunte a uma simpática integrante da equipe. Ela pode ser uma agente da CIA.

DISCIPLINA MENTAL
PLANO DE AÇÃO – EQUILÍBRIO E RECUPERAÇÃO

O DESEMPENHO IDEAL REQUER EQUILÍBRIO – INVESTIR TEMPO E ENERGIA EM SEIS ASPECTOS DA VIDA – E RECUPERAÇÃO – PERMITIR-SE TEMPO E ESPAÇO PARA SE RECUPERAR APÓS O DESEMPENHO. PARA PRATICAR ESSES ASPECTOS:

Dê a si mesmo permissão para deixar os pratinhos caírem, investindo menos em alguns aspectos do equilíbrio durante dias ou semanas. Mas fique atento à situação e se programe para corrigi-la o mais rápido possível.

Dê a si mesmo tempo e espaço para se recuperar do desempenho. Sono, exercícios, gratidão, natureza, tanques de flutuação, ioga, meditação e até atividades que você tem dificuldade de fazer são boas técnicas.

CAPÍTULO 8

Praticando a excelência

A maioria das pessoas tem uma habilidade inerente que as leva até certo ponto. Para ir além é preciso aprender a melhorar.

– Nathan Chen, campeão mundial de patinação artística e medalha de ouro nas Olimpíadas

Os melhores profissionais do mundo não nascem excelentes – aprendem a ser. Para se aperfeiçoarem em seu ofício todos os dias, praticam os princípios que descrevemos neste livro. Começam compreendendo profundamente sua identidade. Quais são seus valores? O que os motiva? Meus clientes codificam isso em seu credo pessoal e usam essas informações para tomar decisões.

Eles estabelecem grandes metas em seis aspectos da vida: trabalho, relacionamentos, saúde, espiritualidade, hobbies e legado. O que desejam que ocorra em cada um no prazo de um, três e seis meses? Para concretizar essas metas, desenvolvem planos de ação.

Selecionam então o mindset mais útil, incluindo características como determinação e crescimento, que os ajudam na busca da melhoria constante. Depois o ativam por meio do que podem controlar: atitude, esforço e comportamento. Eles se desdobram para assumir riscos e, às vezes, falham, mas usam essas experiências como oportunidades para praticar o mindset. Em seguida o ajustam com base nos diferentes papéis que desempenham, pois o que cria excelência em uma área pode ser muito diferente do que a promove em outra.

Eles priorizam o processo acima do resultado. Sabem que, caso se concentrem incansavelmente no processo, as vitórias virão. Dispõem das mesmas 24 horas no dia que todos nós, mas adotam práticas para maximizá-las. Também valorizam a consistência, efetuando mudanças de maneira metódica e sempre após consultar fontes válidas e bem avaliadas. Quando alteram alguma parte do processo, fazem isso de modo incremental, observando como funciona em vez de detonar tudo e começar de novo. Contam com uma abordagem para transformar fracasso em sucesso.

Eles praticam e empregam técnicas que os ajudam a gerenciar a resposta ao estresse. Entre elas estão a visualização, o planejamento contínuo, a autoconsciência, a respiração 4444, as rotinas pré e pós-desempenho, a segmentação de metas, o combate a crenças fixas, a caixa-preta, a abertura da caixa-preta após eventos e as lembranças dos colegas de equipe. A compreensão e a prática dessas técnicas contribuem para manterem a calma e a concentração sob o estresse do desempenho. Eles sabem manter o equilíbrio e dar a si mesmos espaço para se recuperarem após as atuações. Investem em vários aspectos da vida, não apenas naqueles em que têm melhor desempenho. Quando o tempo e as circunstâncias permitem, detectam o desequilíbrio e formulam um plano de correção. Praticam ativamente a recuperação, usando desde as técnicas mais triviais (dormir, levar as crianças à praça) às mais exóticas (tanques de privação sensorial).

Quando dou palestras em empresas, equipes e outras organizações sobre o aprendizado da excelência, abordo esses princípios. No final, os ouvintes sempre se mostram interessados e curiosos. Quase sempre fazem as mesmas perguntas: Como posso começar? Quais são as maiores barreiras para esse aprendizado? Como posso ajudar meus colegas a aprender a excelência? Como posso ensinar excelência a meus filhos? (Esta é a campeã.) Outro clássico é: "Não sou um profissional de elite nem de alto desempenho. Esse material se aplica a mim?" Antes de encerrarmos este livro e eu liberar vocês, vamos abordar essas dúvidas. Dica: a resposta para a última é SIM!

POR ONDE COMEÇAR?

Um dos maiores problemas para alcançar a excelência é que as pessoas se concentram na reputação, não na identidade. Se você não souber ao certo por onde começar, compreender sua identidade é um ótimo primeiro passo. Crie seu credo pessoal seguindo as etapas do Capítulo 3, de modo a obter uma base de valores sobre a qual possa construir sua excelência. O que você faz, com quem trabalha e outros fatores externos podem se modificar, mas os fundamentos de quem você é e de quem deseja ser mudam muito pouco. Invista tempo para descobrir e entender isso.

Em seguida, estabeleça metas: de curto, médio e longo prazos. O momento exato pode variar, mas costumo pedir aos meus clientes que comecem com um, três e seis meses. Essas metas devem ser aplicadas aos principais aspectos da vida (trabalho e família são bons começos). Em seguida, estabeleça um plano de ação para cumpri-las.

Para atingir suas metas, seja mais disciplinado na administração do tempo. No Capítulo 5 sugiro uma abordagem, mas há outras igualmente eficazes. Se a adoção de melhores práticas de gerenciamento de tempo for difícil para você, comece aos poucos, talvez só com alguns dias por semana. Veja como funciona e depois aumente a carga horária até chegar ao ponto de investir suas horas de vigília nas prioridades. Isso não significa que você deva ser produtivo ou estar ligado o tempo todo, mas que, quando estiver à toa, seja intencional.

Crie um ecossistema de feedback. Identifique quem pode dar a melhor opinião sobre seu desempenho, ou seja, pessoas que você mesmo validou porque conhecem seus interesses e sabem do que estão falando. Peça ajuda a elas e agende reuniões regulares. Encontre um parceiro ou parceira responsável, alguém que possa ajudá-lo a controlar as metas de progresso, e estabeleça uma rotina com essa pessoa.

Como você encara os riscos? Prefere assumir mais riscos ou menos? Como lida com o fracasso? Ou melhor, como quer lidar? Que processo usará para aprender com o fracasso e melhorar? Reflita sobre esses pontos e os anote. O modo como abordamos o risco e o fracasso é fundamental para nosso mindset. Portanto, fazer uma lista é um bom ponto de partida.

Existem dez técnicas de tolerância à adversidade. Escolha uma – geralmente recomendo começar com a respiração 4444 – e a pratique até se tornar natural. Em seguida, escolha outra e assim por diante.

Esta será sua lista inicial de tarefas. Grande demais? Comece com a primeira, pratique-a por algum tempo e só depois passe para a seguinte. Não importa qual você escolherá, apenas comece. Lembra da Carli Lloyd – campeã da Copa do Mundo e medalhista de ouro olímpica no futebol feminino que conhecemos no Capítulo 3? Ela impulsionou sua ascensão ao sucesso elaborando listas e trabalhando nelas. "Quando não conseguia fazer algo, continuava tentando. Quanto mais você repete, mais se torna um hábito. Eu persistia e melhorava um pouco a cada dia", diz.

Seja como Carli. Crie uma lista e a obedeça.

Quando me perguntam sobre as maiores barreiras para o aprendizado da excelência, respondo sem piscar: as desculpas. Não sei por onde começar. Não tenho tempo. Vou fazer mais tarde. Não sei se consigo. Talvez você tenha outras ainda mais criativas. As desculpas são uma forma de conversa interior negativa, portanto, se você as ouve, sabe qual é o primeiro passo para aprender a ser paciente: combater a conversa interior negativa e parar de buscar justificativas. Você *sabe* por onde começar – acabei de dizer. Você tem tempo, e se fizer tudo corretamente abrirá espaço na agenda. Não adie o que fará de você uma pessoa mais saudável, mais feliz e mais bem-sucedida. Sim, você consegue. Qualquer pessoa consegue.

COMO POSSO AJUDAR MEUS COLEGAS A APRENDER A EXCELÊNCIA?

Os pilares do aprendizado da excelência aplicam-se tanto a equipes quanto a indivíduos. Eis grandes componentes da liderança: Como posso aumentar a excelência da minha equipe? Como posso ajudar meus colegas e outros membros da equipe a aprender a excelência, mesmo os que talvez não estejam muito motivados para isso?

Comece dando exemplos de excelência. Mostre às pessoas ao redor como é o aprendizado da excelência. Siga os princípios que discuto neste livro, mas dê o passo extra de compartilhar o que estiver fazendo. Fale sobre seu credo, compartilhe suas metas com os colegas, mostre como trata os fracassos como impulso para melhorar e ajude as pessoas a praticar a respiração. A excelência no aprendizado é contagiosa, portanto, divulgar suas práticas e resultados pode despertar curiosidade. Lembre-se dos mantras: conheça seus preceitos, confie no processo, controle o que for controlável, use a caixa-preta. Isso torna os princípios mais acessíveis e fáceis de lembrar.

Crie um ambiente em que não seja problema falar o que se pensa. O pensamento de grupo, em que todos os membros disputam para ver quem concorda mais rápido com o líder, é um caminho para o fracasso. Incentive a equipe toda a trazer à tona, sempre que possível, suas próprias perspectivas e opiniões. Uma boa técnica são as revisões pós-ação (RPAs), que abordamos anteriormente. Após qualquer evento importante, reúna-se com a equipe para comentar o que deu certo e o que pode ser melhorado. Uma frase útil para uma RPA é "uma coisa boa, uma coisa para melhorar". O que foi bem-feito? O que podemos fazer melhor? Trata-se de um mantra simples e útil, que pode gerar rapidamente uma conversa franca. O processo das RPAs é tão importante quanto os resultados. Cada membro da equipe precisa sentir que pode ser sincero, sem medo de críticas ou repercussões. Os integrantes mais novos, que em geral hesitam para se manifestar, merecem atenção especial.

Para combater ainda mais o pensamento de grupo, muitas equipes militares e esportivas escolhem um advogado do diabo em debates de decisões importantes. A função dessa pessoa é questionar o rumo predominante na conversa, procurar pontos cegos e fazer perguntas desafiadoras. Quando todos estiverem inclinados a tomar uma decisão, o advogado do diabo questiona seriamente a sensatez da medida. Os militares alternam o papel entre os integrantes da equipe a cada reunião, para que todos tenham a oportunidade de ser a voz discordante.

Dialogue positivamente com a equipe. Organizações podem ser rigorosas, exigentes e exaustivas. Às vezes nada parece bom o suficiente. Seja a pessoa mais animada do grupo: reforce o que está funcionando, comemore efusivamente as boas notícias e tente encerrar cada dia ou semana com otimismo. Emoções são contagiosas. Portanto, a prática da positividade contagiará todos.

Entenda as motivações intrínsecas dos membros da equipe. Explico por quê.

Motivações extrínsecas costumam ser abundantes. Várias empresas têm processos de avaliação de desempenho que atribuem uma nota a cada integrante. Isso pode influenciar decisões importantíssimas como aumentos e promoções. Muitas pessoas são submetidas a KPIs (*key performance indicators*, indicadores-chave de desempenho) que medem grande parte das ações diárias. Em quase todas as áreas somos treinados para criar e acompanhar métricas que nos informam se estamos indo bem. Portanto, é natural que, nos debates sobre desempenho, os fatores extrínsecos recebam toda a atenção.

É natural que os fatores extrínsecos motivem apenas parcialmente o alto desempenho. Você quer ter um bom desempenho para obter uma boa pontuação ou nota, o que pode propiciar um aumento ou permitir o ingresso em uma instituição excelente. Mas também deseja ter um bom desempenho porque isso faz você se sentir bem, se alinha com seus valores e permite obter sucesso com a equipe; ou talvez apenas porque o trabalho o entusiasme ou inspire. Os fatores extrínsecos só vão até certo ponto quando se trata de motivar a excelência. São os intrínsecos que nos levam ao topo. Para obter um melhor desempenho dos membros da equipe, saiba mais sobre seus motivadores intrínsecos. Quais são seus valores fundamentais, o que os motiva? Esse conhecimento sobre seus colegas e sobre si mesmo pode gerar uma compreensão mais profunda de como melhorar o desempenho da equipe.

Bob Reiff teve uma oportunidade de ouro para ajudar sua equipe a adaptar os princípios do aprendizado da excelência durante a pandemia da covid-19, em 2020 e 2021. Trabalho com ele desde 2020. Na época, Bob era vice-presidente sênior da Lincoln Financial em St. Louis e me chamou para treiná-lo e à sua equipe a fim de alcançarem um desempenho ideal em tempos adversos. Bob enxergou na pandemia uma boa oportunidade de observar, influenciar e melhorar o mindset de seus funcionários em relação ao trabalho. Comunicou que desejava se concentrar nos fatores controláveis – atitude, esforço e comportamento. Depois os orientou a ver o fracasso como uma oportunidade de aprendizado e adaptação, e desenvolveu programas de treinamento usando os princípios do aprendizado da excelência. Ele também compartilhou com seus líderes e com membros da equipe suas práticas de visualização e conversa interior positiva, que aprendeu jogando futebol americano no ensino médio. Destacou a importância do sono, da nutrição e dos exercícios. Como passava mais tempo ouvindo do que falando, incentivou os líderes das equipes a fazer o mesmo. Isso os ajudou a desenvolver uma compreensão mais holística da vida e das motivações dos funcionários.

Os resultados foram, em sua maioria, excelentes. "Fiquei impressionado com a resiliência deles", lembra Bob. "Muitas pessoas se descobriram durante a pandemia. Questionaram como estavam abordando seus negócios e chegando ao mercado. Vi muita autoavaliação: ao se perguntarem como poderiam melhorar, elas acabavam melhorando." No entanto, nem todos prosperaram. Alguns funcionários tinham dificuldade de se adaptar às novas normas de negócios. Mas eram uma minoria. De modo geral, Bob descobriu que, quando codificava e comunicava seus princípios de excelência, a equipe aprendia e prosperava.

COMO POSSO ENSINAR EXCELÊNCIA A MEUS FILHOS?

Essa é a pergunta que mais ouço. Os pais sempre querem o melhor para os filhos, é claro, mas a impressão que tenho diante dessa pergunta (e por ser pai de dois filhos) é que o mundo está mais tenso do que nunca e os pais estão procurando ajuda. A nova geração é formada por nativos digitais, que nunca viveram em um mundo sem a efervescência das redes sociais, o infinito *streaming* de vídeos e as informações do mundo na ponta dos dedos. Bênção? Maldição? Pode-se argumentar pelos dois lados, mas não há dúvida de que é a realidade a enfrentar. Como poderão incutir princípios de excelência nos filhos nesse cenário digital?

Derrick Walker tem uma abordagem inteligente. Ex-jogador de beisebol de uma liga menor e ex-candidato a Navy SEAL, hoje tem um cargo de liderança na Nike. Pai de oito filhos, Derrick observa com orgulho que, embora haja certo caos em sua casa, ele e a mulher têm conseguido orientar as crianças em muitos desafios. Qual é o segredo? O fracasso. "A maior parte de meu desenvolvimento veio como resultado de fracassos", ele revela. "Os pais precisam dar aos filhos oportunidades de falhar. Nós os incentivamos a se colocar em situações em que isso possa acontecer. Embora o fracasso não seja inevitável, contratempos e decepções acontecem. Meu trabalho é fazê-los aprender quando falham e acompanhá-los durante o processo."

Peter Naschak, Navy SEAL aposentado, também acha que se deve incentivar as crianças a correr riscos. Ele foi criado por uma mãe solo que expunha os filhos a situações em que pudessem fracassar. "Ela não nos deixava escapar de algo que não quiséssemos fazer. Dizia: vamos tentar e ver o que acontece", conta. Uma viagem da família ao Havaí quando ele tinha uns 9 anos foi um exemplo: "Havia uns caras saltando de penhascos na água. Eu queria muito tentar, mas tinha medo. Minha mãe percebeu e me incentivou a pedir ajuda a um dos mergulhadores. Eu tinha mais medo de falar com um estranho do que de mergulhar. Mas ela disse que não iríamos embora enquanto eu não pedisse ajuda." Peter acabou se aproximando de um dos rapazes e logo estava alegremente saltando na água. "Ela me colocou muitas vezes nessas situações (pedir ajuda a estranhos, presumo, não saltar de um penhasco). Isso me dava mais ferramentas do que se ela controlasse mais as dinâmicas."

A ideia de incentivar as crianças é comum a todos os profissionais com quem trabalho. O conselho número 1 é expô-las a situações desafiadoras em que tenham amplas oportunidades de sucesso, mas também de fracasso. Existe um consenso de que a nova geração é mais avessa a riscos do que a anterior, talvez por ser moldada pelo medo de danos à reputação na era das redes sociais. Para combater isso, os pais devem incentivar os filhos a assumir riscos e a vivenciar microfracassos – acontecimentos que podem não sair como planejado, mas com consequências relativamente inofensivas. Assim eles poderão avaliar sua resiliência e desenvolver uma atitude mais saudável diante dos riscos.

Marcus Luttrell, o SEAL aposentado, tem o hábito de dizer a seus filhos, pelo menos três vezes por dia, que os ama. Ao mesmo tempo, defende que é preciso estressar as crianças, senão a vida o fará. "Axe (seu filho) me diz o tempo todo que eu o obrigo a fazer o que não quer. Respondo que ele não tentaria se eu não o forçasse", conta.

Outra dica de Derrick Walker para os pais é uma técnica simples de treinamento, com perguntas instigantes e escuta atenta às respostas. "Por que você fez isso? Não existe outra maneira de pensar sobre o assunto? Esse processo de pensamento é o melhor? Você conseguiria pensar de modo diferente? Às vezes eles esperam que eu diga algo, mas não digo. Deixo tudo ambíguo para que eles cheguem às próprias conclusões", explica.

A inquirição às claras defendida por Derrick é outro tema comum entre os pais influenciadores. Steve Pitts, ex-chefe de polícia de Reno, tem três netos e adora fazer perguntas a eles, mesmo quando sabe a resposta. "O melhor que você pode fazer é conversar e fazer perguntas. Eles começam a se autoanalisar e até a refletir desde muito jovens. Quando me fazem uma pergunta, devolvo: Por que você me perguntou isso?" Essa pequena disputa verbal é uma forma de fracasso. Quando as crianças se arriscam a responder a uma pergunta que não entenderam, assumem um risco. Se errarem, aprenderão com a experiência e tentarão de novo.

Minha mulher e eu temos dois filhos, e ambos estão no caminho certo para se tornarem adultos atenciosos, interessantes e bem-sucedidos. Assim como Derrick e Steve, gostávamos de fazer perguntas quando eles eram mais jovens. Chamávamos isso de "jogo dos porquês". Fazíamos perguntas que, em geral, são os filhos que formulam: Por que o céu é azul? Por que os peixes têm escamas? Por que as flores são tão coloridas? A resposta é irrelevante. O processo de raciocínio – como e por quê – é o que importa. (Mais uma vez, concentre-se no processo, não nos resultados.) Talvez eu tenha gostado tanto desse jogo porque grande parte da minha educação girava em torno da regurgitação de fatos, que se resumiam ao quê e não ao como nem ao porquê. Minha mulher e eu queríamos evitar isso com nossos filhos. O jogo dos porquês nos ajudou a criar pessoas mais curiosas, que não têm medo de não saber as respostas.

A conversa interior negativa começa cedo; muitos dos pais com quem trabalho ficam atentos. O executivo de seguros Ted Brown alerta para a conversa interior negativa à mesa de jantar. Ele tem um mantra com um de seus filhos que tende a duvidar de si mesmo. "Eu digo diariamente 'Você é um bom garoto, você é uma boa pessoa' e o faço repetir isso. Depois afirmo 'Você será capaz de superar todos os desafios que a vida apresentar' e o faço repetir isso." Esses mantras se transformarão em crenças e permanecerão com ele durante toda a vida.

Tire as crianças das situações confortáveis. Incentive-as a correr riscos para que possam tanto aprender com os fracassos como se recuperar deles. O que nada mais é que tentativa e aprendizado, não tentativa e erro. Faça perguntas e não dê as respostas; deixe que descubram sozinhos. Detecte as conversas interiores negativas e ensine-lhes a substituí-las por conversas positivas.

Tudo isso geralmente pode ser feito com algumas perguntas simples.

"Por quê?" os leva a adquirir o hábito de pensar de modo resiliente, agindo, sem ficarem paralisados quando não acertarem na primeira vez.

"O que vocês aprenderam hoje que não sabiam ontem?" Eis uma pergunta que contribui para estimular a curiosidade e o aprendizado.

"Você foi corajoso?" evoca a importância de ser ousado.

Por fim: "Você foi gentil, principalmente consigo mesmo?" Afinal, a gentileza gera resiliência.

NÃO SOU UM PROFISSIONAL DE ELITE OU DE ALTO DESEMPENHO... ISSO TUDO SE APLICA A MIM?

Pense em um profissional que você admira. Pode ser um artista, atleta, acadêmico, líder empresarial, político, líder comunitário, herói. Pensou? Tem uma imagem em sua mente, ou uma música composta por ele que possa cantarolar? Com certeza esse profissional precisou aprender a ser excelente. Ele pode ter alguns talentos extraordinários com os quais foi abençoado, mas e os aspectos mentais da excelência, o software, aquilo que o torna o melhor? Isso ele aprendeu. Pode ter sido um processo natural – absorveu as melhores práticas dos pais, professores, mentores, treinadores e amigos. Ou resultado de um esforço deliberado, como é o caso de muitos artistas com quem trabalhei. Mas há algo que esses talentos não são: inatos. Os dotes mentais do alto desempenho não são genéticos nem estão embutidos em nós. Isso significa que qualquer pessoa pode aprendê-los. Qualquer pessoa.

O que acontece se você não fizer parte de uma elite na área em que atua, não for um profissional de alto desempenho? A maioria não é. Mas você cumpre seus papéis. Não no sentido de dar um show, mas de desempenho real, de prazer e satisfação ao dar o melhor de si, fazer diferença e se importar com o que acontece. Você exerce seu papel no trabalho e no estudo. Atua como filho, filha, pai, mãe, irmão ou irmã. Participa da igreja e da comunidade. Faz exercícios, quer corra ultramaratonas ou só caminhe até a esquina. Você age como amigo, como parceiro. Desempenha o papel que é preciso.

Em cada uma dessas áreas sempre será possível obter um desempenho melhor. Para isso, você poderá aprender os princípios que apresento neste livro e incorporá-los aos hábitos diários. Assim melhorará a cada dia, aprendendo constantemente sobre si mesmo e seu ambiente. Você verá que é mais fácil do que parece e muito divertido. Você consegue.

Talvez você ainda tenha a sensação incômoda de não ser um grande profissional e ache que tudo que proponho neste livro parece muito trabalhoso. Ou talvez não esteja preocupado em melhorar, está tudo bem do jeito atual. "Me deixe em paz", você pensa.

Não, eu não vou deixar você em paz! Acredito que as qualificações necessárias para o alto desempenho estão ao alcance de todos. São simples de aprender e fáceis de praticar. Também acredito, pois já vi isso milhares de vezes, que a concretização do potencial nos dá uma sensação ótima. Duvida? Experimente. Aprenda a excelência por uma semana apenas e veja como é. Depois virão outra semana, um mês, um ano, um estilo de vida. Você se sairá melhor no trabalho, na escola, em casa, na comunidade e nos relacionamentos. Sinta como é bom. Você chegou lá.

O historiador, escritor e filósofo americano Will Durant escreveu: "Nós somos o que fazemos repetidamente. A excelência, portanto, não é um ato, mas um hábito."[1] Adote esse hábito. O aprendizado da excelência começa agora.

DISCIPLINA MENTAL
PLANOS DE AÇÃO

Exemplos de planos para 30, 90 e 180 dias
Use esses modelos para ajudar a começar com um
Plano de Ação de Disciplina Mental.

Plano de ação de 30 dias	Término
Crie seu credo pessoal de dez palavras (marcadores de identidade/valores) nos próximos dez dias.	
Identifique, escreva e compartilhe uma meta com um amigo, colega de trabalho ou instrutor nos seis pilares a seguir: trabalho, relacionamentos, saúde, espiritualidade, hobby, legado.	
Identifique de quatro a seis pessoas que possam lhe oferecer feedbacks válidos. Cuide para que sejam pessoas da sua confiança.	
Elimine "espaços em branco" na agenda dois dias por semana e os transforme em dois dias de tarefas com as cores vermelha, amarela ou verde.	
Pratique a respiração 4444 (quatro segundos para inspirar, quatro a seis segundos para expirar, durante quatro minutos, quatro vezes por dia) três dias por semana. (Lembre-se: seis respirações por minuto é o ideal.)	
Identifique suas quatro principais funções (trabalhador, um dos pais, pessoa amada, etc.) e escolha três palavras de que seu mindset precisa em cada uma delas.	

Plano de ação de 30 dias	Término
Desenvolva uma rotina de desempenho que o ajude na transição entrada/saída em cada um desses papéis (mantra, lembretes de palavras no celular, música, meditação).	
Como parte da rotina na hora de dormir, visualize (com o máximo de sentidos possível e por cerca de três minutos) algo que correu bem para você durante o dia – faça isso quatro vezes por semana.	
Inscreva-se numa sessão em um tanque de flutuação ou aula de ioga, ou comece a fazer um diário de gratidão – registrando tudo por que você é grato –, voltando a ele três vezes por semana.	

Plano de ação de 90 dias	Término
Mostre que cada um só controla sua atitude, seu esforço e seu comportamento. Ensinar isso significa que você compreendeu o conceito.	
Identifique, escreva e compartilhe duas metas com um amigo, colega de trabalho ou instrutor nos seguintes seis pilares: trabalho, relacionamentos, saúde, espiritualidade, hobby, legado.	
Esforce-se para sair das situações em que se sente à vontade pelo menos uma vez por semana (seja voluntário em algum projeto, faça mais perguntas, pratique um novo exercício ou hobby, peça feedback).	
Elimine os espaços em branco da agenda quatro dias por semana e nesses dias crie códigos para as tarefas nas cores vermelha, amarela ou verde.	
Pratique a respiração 4444 (quatro segundos para inspirar, quatro a seis segundos para expirar, quatro minutos, quatro vezes por dia) cinco dias por semana. (Lembre-se: seis respirações por minuto é o ideal.)	
Pratique a visualização antes de um grande evento (competição, apresentação, reunião com cliente, encontro amoroso, reunião de equipe) na noite anterior e de uma a três horas antes do evento.	
Desenvolva planos de contingência antes de cada um de seus principais desempenhos/eventos (vários planos caso algo aconteça, respostas a diversos tipos de pergunta, etc.).	

Plano de ação de 90 dias	Término
Monitore/acompanhe o número médio de horas de sono por noite. Tente dormir de sete a nove horas pelo menos seis dias por semana.	
Pratique a conversa interior positiva e examine seu sistema de crenças. Faça um check-in semanal e procure evidências quando ocorrerem pensamentos negativos (desafie pensamentos irracionais).	

Plano de ação de 180 dias	Término
Reexamine seu credo pessoal (dez palavras de marcadores/valores de identidade) e determine se há palavras que gostaria de adicionar/remover.	
Quando surgirem obstáculos, lembre-se de cultivar mais o mindset de "desafio" que o de "ameaça" (e a conversa interior que a acompanha). Conte quantas vezes seu mindset é de desafio ("isso é só uma dificuldade") em vez de ameaça ("minha reputação, meu ego, meu juízo de valor"). A meta é 80% de declarações de desafio.	
Adquira o hábito de fazer apenas uma alteração de cada vez em um processo. Depois meça os resultados. Mudar muita coisa e muito rápido é um método confuso para melhorar.	
Elimine o espaço em branco na agenda seis dias por semana e crie códigos para as tarefas com as cores vermelha, amarela ou verde.	
Pratique a respiração 4444 (quatro segundos para inspirar, quatro a seis segundos para expirar, quatro minutos, quatro vezes por dia) cinco dias por semana. (Lembre-se: seis respirações por minuto é o ideal.)	
Estabeleça duas metas maiores em cada uma das três áreas (trabalho, relacionamentos, saúde) e segmente-as em partes menores e gerenciáveis. Estabeleça uma meta de seis meses para cada uma dessas áreas e as segmente em outras menores, de um mês, usando o acrônimo SMART (sigla inglesa para específica, mensurável, alcançável, relevante e com prazo para ser alcançada). Meça mensalmente o cumprimento das metas menores.	

Plano de ação de 180 dias	Término
Use a caixa-preta para falhas, erros e equívocos e permaneça com a mente focada na missão até o final da tarefa que precisa desempenhar. Em seguida, abra a caixa-preta e aprenda com os erros.	
Faça um check-in mensal de autoconsciência (código de cores verde, amarela e vermelha) nas seguintes áreas: eventos da vida, estresse, humor, sono, saúde, uso de substâncias, concentração e clima no trabalho. Nos casos de amarelo ou vermelho, desenvolva um plano para abordar essas áreas, evitando que afetem seu desempenho.	
Inclua pausas para situações que envolvam tecnologia (e-mails, mensagens, ligações, redes sociais) em sua programação diária (pausas curtas também são benéficas).	

AGRADECIMENTOS

Este livro não teria sido possível sem a participação dos fabulosos profissionais listados abaixo. Cada uma dessas pessoas maravilhosas nos concedeu tempo e apoio, com a mesma energia e paixão que as ajudaram a se tornar as melhores em seu ofício. Agradecemos muito a vocês:

- Alex Krongard, almirante Navy SEAL aposentado e ex-integrante do Conselho de Segurança Nacional
- Alex Myers, atleta profissional de esportes eletrônicos
- Andy Walshe, ex-chefe de Desempenho Humano da Red Bull, ex-diretor de alta performance da equipe de esqui e snowboard dos Estados Unidos
- Anthony Oshinuga, piloto profissional de acrobacias aéreas
- Ben Potvin, ex-artista, treinador principal e designer de desempenho do Cirque du Soleil
- Blaine Vess, empresário, investidor e filantropo
- Bob Reiff, executivo e líder de negócios
- Carli Lloyd, ex-integrante da equipe feminina de futebol dos Estados Unidos, bicampeã da Copa do Mundo da FIFA, bicampeã olímpica de futebol, duas vezes jogadora do ano da FIFA
- David Colturi, ex-campeão nacional de saltos na plataforma de 10 metros dos Estados Unidos e campeão do Red Bull Cliff Diving
- David Wurtzel, duas vezes campeão mundial do Firefighter Challenge (2017, 2018)
- Deena Ryerson, procuradora-geral assistente sênior do Departamento de Justiça do Oregon

- Derrick Walker, líder financeiro da Nike, ex-jogador de beisebol e candidato a Navy SEAL
- Erik Spoelstra, treinador do time do Miami Heat e bicampeão da NBA
- Ian Walsh, surfista profissional de ondas grandes
- Jim Lindell, suboficial aposentado dos Navy SEALs, atirador de elite na operação de resgate do capitão Phillips na Somália
- John Marx, policial aposentado e negociador de reféns
- Joseph Maroon, neurocirurgião, triatleta, *ironman* e médico do Pittsburgh Steelers
- Katy Stanfill, oficial e ex-piloto de helicóptero da Marinha, atleta da Academia Naval dos Estados Unidos
- Marcus Luttrell, Navy SEAL aposentado, único sobrevivente da Operação Red Wings e autor do livro *Único sobrevivente*
- Michael Dauro, ex-comandante/líder de pelotão dos Navy SEALs
- Mike Dowdy, piloto profissional de *wakeboard*; campeão mundial de 2016
- Nathan Chen, medalhista de ouro olímpico na patinação artística masculina em 2022, três vezes campeão mundial, seis vezes campeão nacional nos Estados Unidos
- Patty Brandmaier, ex-analista e líder sênior da CIA
- Penelope Parmes, três vezes campeã mundial de dança de salão e advogada aposentada
- Pete Naschak, chefe de comando aposentado, integrante da Equipe 5 dos Navy SEALs
- Rich Hill, arremessador da Liga Principal de Beisebol
- Steve Idoux, produtor/presidente da Lockton Dallas
- Steve Pitts, ex-chefe de polícia de Reno, Nevada
- Ted Brown, produtor/presidente da Lockton Denver
- Tim Murphy, ex-membro do Congresso dos Estados Unidos (pela Pensilvânia), 2003-2017
- Toby Miller, snowboarder profissional
- Victor Zhang, diretor de investimentos da American Century Investments

Quero agradecer à minha mulher, Andrea, e aos meus filhos, Lauren e Bryce, pelo inesgotável amor, apoio e incentivo ao longo dos anos. Tenho muito orgulho de meu papel como marido e pai. Nossa união familiar sempre se baseou em comunicação, confiança, respeito, compromisso, curiosidade e diversão. Isso tornou tudo mais fácil e fez do nosso lar um verdadeiro santuário. Vocês são minha base e sempre me incentivam a abraçar ainda mais minha paixão por ajudar as pessoas a atingir seu potencial. A melhor equipe da qual já fiz parte é minha família, que está sempre em primeiro lugar. Meu trabalho só é possível graças ao amor e ao entusiasmo de vocês. Nosso caminho tem sido fantástico!

Um enorme agradecimento a meus pais, Georges e Susie. Meus valores, minha ética de trabalho e minha paixão começaram com vocês. Este livro e minha carreira não teriam acontecido sem suas orientações iniciais e seu apoio constante.

Tenho um ecossistema especial de amigos queridos – uma espécie de conselho pessoal de diretores. O presidente é meu amigo mais próximo, Steve Godfrey, um dos pensadores mais interessantes e empáticos que conheço. Você merece um enorme obrigado! Seja me permitindo trocar ideias, torcendo para que eu tenha mais tempo para esquiar, caminhar ou andar de bicicleta, ou usando o humor para distrair minha mente do trabalho, sua amizade foi fundamental para que eu me mantivesse equilibrado e pudesse concluir este livro.

Gostaria de agradecer aos meus mentores, Dr. William Perry e Dr. Jim Bauman. Bill foi o orientador da minha dissertação e me incentivou a estabelecer e atingir altos padrões, a me tornar um bom clínico e pesquisador, e a entender que o caminho mais difícil e menos percorrido é sempre o que vale a pena. Jim é um dos melhores psicólogos esportivos que já conheci e me orientou com maestria quando fiz a transição para o trabalho com o esporte profissional. Nunca vi ninguém se conectar melhor com os atletas. Você tem a tríade: acessibilidade, paciência e brilhantismo. Obrigado a ambos por me tornarem um profissional e uma pessoa melhor.

Um agradecimento especial aos membros das Forças Armadas dos Estados Unidos, principalmente aos integrantes das Operações Especiais. Dentro desse grupo, um agradecimento específico e sincero aos Navy SEALs e suas famílias. Ser o psicólogo clínico e de desempenho em serviço ativo desse grupo incrível de seres humanos será sempre o trabalho mais relevante, significativo e importante da minha carreira. A maioria das pessoas jamais entenderá os sacrifícios diários que vocês fazem por nossa nação e por quem mais precisa no mundo. Durante meus dez anos com os SEALs, vocês me ensinaram muito. São o auge do desempenho humano, sobretudo no domínio da resistência mental. Um agradecimento especial também aos cônjuges e às famílias dos membros da comunidade de Operações Especiais. Os sacrifícios constantes (deslocamentos do cônjuge ou do pai, desconhecimento dos detalhes das missões e operações quase diárias deles, por exemplo) e sua capacidade de enfrentar esse sacrifício com perseverança, convicção, desenvoltura e resiliência constituem um superpoder, se é que existe um. Foi uma honra trabalhar com esses guerreiros especiais e conhecer suas famílias. Sempre serei leal ao Comando Naval de Operações Especiais e estarei a um telefonema de distância – a qualquer hora, em qualquer lugar.

Obrigado a todos os socorristas. Tenho amigos queridos que são policiais e bombeiros, e passei a última década fazendo apresentações para dezenas de departamentos deles, assim como conferências e reuniões de cúpula com o objetivo de aprender e ajudá-los a aprimorar sua resiliência e excelência. Admiro muito o que vocês são e o que fazem! Poucos seres humanos escolhem uma vida em que têm de correr em direção ao perigo. Cada um de vocês é uma dádiva para sua comunidade. Obrigado.

Obrigado ao Los Angeles Dodgers e, mais especificamente, a Stan Kastan, Andrew Friedman, Josh Byrnes, Billy Gasparino e Dave Roberts. Quando me contrataram, em 2016, vocês me capacitaram a criar meus programas de avaliação, seleção, desenvolvimento e otimização do desempenho mental. Agradeço por terem permitido que eu crescesse, passasse mais tempo com minha família e me concentrasse, nos últimos anos, na seleção, no reconhecimento e na aquisição de talentos. Há muitos anos venho dizendo: "Para forjar as melhores espadas, é preciso o aço certo." Também quero expressar um agradecimento especial ao falecido Tommy Lasorda. Sempre sorrio quando penso nas muitas refeições que fizemos juntos e em suas esplêndidas histórias a respeito de tudo, desde lembranças de jogos até os restaurantes com a melhor massa. A organização do Dodgers incorpora classe, inovação e excelência sustentada – e todos vocês têm sido um verdadeiro destaque na minha carreira.

Agradeço ao Escritório de Pré-Publicação e Revisão de Segurança do Departamento de Defesa. Doug McComb e Paul Jacobs-Meyer foram extremamente profissionais e minuciosos na revisão do manuscrito para evitar a divulgação de informações não abertas ao público. Ambos foram muito prestativos e tornaram o processo menos trabalhoso. Sua disponibilidade e suas correções foram muito apreciadas.

Agradeço ao Conselho de Revisão e Classificação Pré-Publicação da Agência Central de Inteligência (CIA) por revisar trechos de entrevistas e relatos no manuscrito. Sua rapidez e precisão foram impressionantes e nos permitiram cumprir os prazos.

Agradeço a Marina Krakovsky, nossa pesquisadora, que nos enriqueceu com sua curiosidade e descobertas, nos incentivou com seus comentários e perguntas, e aprimorou este livro com sugestões de edição. Até o próximo, Marina!

Agradecemos a nossa editora, Hollis Heimbouch, que, além de ser uma excelente colaboradora e uma exímia redatora, é também corredora de maratonas e triatleta. Quando ela nos disse que, como profissional, apreciava nosso texto, sabíamos que estávamos no caminho certo. Obrigado também a nosso inigualável agente, Jim Levine, que nos conectou com Hollis e atendeu a algumas de nossas ligações enquanto praticava excelência caminhando pelas ruas de Nova York.

Por fim, obrigado aos milhares de outros profissionais – militares, atletas, empresários, congressistas, advogados, artistas, líderes de desempenho humano e profissionais da área médica – com quem tive o prazer de trabalhar ao longo da carreira, tanto como clientes quanto como colegas. Foi uma honra.

NOTAS

Capítulo 1: VOCÊ, O REALIZADOR

1   A teoria da autodeterminação, apoiada por um grande número de pesquisas, postula que a competência é uma das três necessidades psicológicas inatas (juntamente com a autonomia e o relacionamento) que contribuem para o nosso bem-estar. Richard M. Ryan e Edward L. Deci, "Self-Determination Theory and the Facilitation of Intrinsic Motivation, Social Development, and Well-Being", *American Psychologist* 55, n. 1 (janeiro de 2000): 68-78, https://doi.org/10.1037/0003-066X.55.1.68.
2   Nancy E. Newall et al., "Regret in Later Life: Exploring Relationships Between Regret Frequency, Secondary Interpretive Control Beliefs, and Health in Older Individuals", *International Journal of Aging and Human Development* 68, n. 4 (2009): 261-88, https://doi.org/10.2190/AG.68.4.a.

Capítulo 2: APRENDENDO SOBRE A EXCELÊNCIA

1   Martin J. Barwood et al., "Breath-Hold Performance During Cold Water Immersion: Effects of Psychological Skill Training," *Aviation, Space, and Environmental Medicine* 77, n. 11 (novembro de 2006): 1.136-42, https://www.researchgate.net/publication/6709881_Breathhold_performance_during_cold_water_immersion_Effects_of_psychological_skills_training.
2   Garvey, Hershiser e Yeager ajudaram a formar várias excelentes equipes do Dodgers nas décadas de 1970 e 1980. Lasorda dirigiu a equipe de 1976 a 1996.

Capítulo 3: VALORES E METAS

1   Essa citação provavelmente é apócrifa, mas não vamos nos deixar levar por esse caminho. Garson O'Toole, "When You Come to a Fork in the Road, Take It",

Quote Investigator, acesso em 13 de março de 2023, https://quoteinvestigator.com/2013/07/25/fork-road/#google_vignette.

2 Um estudo de 2000 na *Journal of Personality and Social Psychology* contém um resumo de pesquisas anteriores sobre como eventos passados e crenças resultantes influenciam o comportamento atual. O artigo começa observando que "as pessoas que se comportaram de determinado modo em determinado momento provavelmente o farão novamente", citando vários estudos que apoiam essa afirmação. D. Albarracin e R. S. Wyer Jr., "The Cognitive Impact of Past Behavior: Influences on Beliefs, Attitudes, and Future Behavioral Decisions", *Journal of Personality and Social Psychology* 79, n. 1 (2000): 5-22, https://doi.org/10.1037/0022-3514.79.1.5.

Capítulo 4: MINDSET

1 "Google Books Ngram Viewer for Term 'Mindset'", Google Books, acesso em 13 de março de 2023, https://books.google.com/ngrams/graph?content=mindset&year_start=1800&year_end=2019&corpus=26&smoothing=3&direct_url=-t1%3B%2Cmindset%3B%2Cc0#t1%3B%2Cmindset%3B%2Cc0.

2 "Google Trends Explore for Term 'Mindset,'" Google Trends, acesso em 13 de março de 2023: https://trends.google.com/trends/explore?date=all&q=mindset.

3 "Bewusstseinslage", *APA Dictionary of Psychology*, American Psychological Association, acesso em 13 de março de 2023: https://dictionary.apa.org/bewusstseinslage.

4 Alia J. Crum, Peter Salovey e Shawn Achor, "Rethinking Stress: The Role of Mindsets in Determining the Stress Response", *Journal of Personality and Social Psychology* 104, n. 4 (2013): 716-33, https://doi.org/10.1037/a0031201.

5 Matt Abrahams, "Mindset Matters: How to Embrace the Benefits of Stress", Stanford Graduate School of Business, acesso em 13 de março de 2023, https://www.gsb.stanford.edu/insights/mindset-matters-how-embrace-benefits-stress.

6 Christopher J. Beedie e Abigail J. Foad, "The Placebo Effect in Sports Performance: A Brief Review", *Sports Medicine* 39, n. 4 (2009): 313-29, https://doi.org/0112-1642/09/0004-0313.

7 Lysann Damisch, Barbara Stoberock e Thomas Mussweiler, "Keep Your Fingers Crossed! How Superstition Improves Performance", *Psychological Science* 21, n. 7 (28 de maio de 2010): 1.014-20, https://doi.org/10.1177/0956797610372631.

8 Wayne Dollard, "How Pickleball Really Got Its Name!", *Pickleball Magazine*, janeiro de 2021, https://www.pickleballmagazine.com/pickleball-articles/How--Pickleball-Really-Got-Its-Name!

9 Não por coincidência, um dos primeiros exemplos do estudo do aspecto mental do desempenho esportivo é o icônico best-seller de 1974 *The Inner Game of Tennis*, de W. Timothy Gallwey (Nova York: Random House, 1974). Embora não use o termo mindset, o livro trata de como uma mentalidade mais forte afeta diretamente os resultados.

10 Carol Dweck, "What Having a Growth Mindset Actually Means", *Harvard Business Review*, 13 de janeiro de 2016, https://hbr.org/2016/01/what-having-a-growth-mindset-actually-means.

11 Emily G. Liquin e Alison Gopnik, "Children Are More Exploratory and Learn More Than Adults in an Approach-Avoid Task", *Cognition* 218 (2022): 104940, https://doi.org/10.1016/j.cognition.2021.104940.

12 E. A. Gunderson et al., "Parent Praise to Toddlers Predicts Fourth Grade Academic Achievement Via Children's Incremental Mindsets", *Developmental Psychology* 54, n. 3 (2018): 397-409, https://doi.org/10.1037/dev0000444.

13 Daeun Park et al., "The Development of Grit and Growth Mindset During Adolescence", *Journal of Experimental Child Psychology* 198 (outubro de 2020): 104889, https://doi.org/10.1016/j.jecp.2020.104889.

14 Adam M. Grant e Barry Schwartz, "Too Much of a Good Thing: The Challenge and Opportunity of the Inverted U", *Perspectives on Psychological Science* 6, n. 1 (2011): 61-76, https://doi.org/10.1177/1745691610393523.

15 David Tod, James Hardy e Emily Oliver, "Effects of Self-Talk: A Systematic Review", *Journal of Sport and Exercise Psychology* 33, n. 5 (2011): 666-87, https://doi.org/10.1123/jsep.33.5.666.

16 E. Cross e O. Ayduk, "Self-Distancing: Theory, Research, and Current Directions", *Advances in Experimental Social Psychology* 55 (2017): 81-136, https://doi.org/10.1016/bs.aesp.2016.10.002.

17 James Hardy, Aled V. Thomas e Anthony W. Blanchfield, "To Me, to You: How You Say Things Matters for Endurance Performance", *Journal of Sports Sciences* 37, n. 18 (2019): 2.122-30, https://doi.org/10.1080/02640414.2019.1622240.

18 Diversos estudos confirmam a eficácia das rotinas pré-desempenho. Este meta-estudo de 2021 oferece um bom resumo deles: Anton G. O. Rupprecht, Ulrich S. Tran e Peter Gröpel, "The Effectiveness of Pre-Performance Routines in Sports: A Meta-Analysis", *International Review of Sport and Exercise Psychology* (outubro de 2021), https://doi.org/10.1080/1750984X.2021.1944271.

19 Os pesquisadores analisaram 2,5 milhões de *putts* tentados por 421 golfistas em 239 torneios de 2004 a 2009. Para obter os dados, a PGA (Professional Golfers' Association) colocou lasers ao redor de cada buraco de um campo para medir e registrar, no espaço de uma polegada, as coordenadas de cada bola após cada tacada.

20 Devin G. Pope e Maurice E. Schweitzer, "Is Tiger Woods Loss Averse? Persistent Bias in the Face of Experience, Competition, and High Stakes", *American Economic Review* 101, n. 1 (2001): 12957, http://dx.doi.org/10.1257/aer.101.1.129.
21 Ryan Elmore e Andrew Urbaczewski, "Loss Aversion in Professional Golf", *Journal of Sports Economics* 22, n. 2 (2021): 202-17, https://doi.org/10.1177/1527002520967403.

Capítulo 5: PROCESSO

1 Brad Aeon e Herman Aguinas, "It's About Time: New Perspectives and Insights on Time Management", *Academy of Management Perspectives* 31, n. 4 (2017): 309-30, https://doi.org/10.5465/amp.2016.0166.
2 Jonathan Baron e John C. Hershey, "Outcome Bias in Decision Evaluation", *Journal of Personality and Social Psychology* 54, n. 4 (1988): 569-57, http://bear.warrington.ufl.edu/brenner/mar7588/Papers/baron-hershey-jpsp1988.pdf.
3 Amos Tversky e Daniel Kahneman, "Availability: A Heuristic for Judging Frequency and Probability", *Cognitive Psychology* 5 (1973): 207-32, https://familyvest.com/wp-content/uploads/2019/02/TverskyKahneman73.pdf.
4 Robert B. Durand, Fernando, M. Patterson e Corey A. Shank, "Behavioral Biases in the NFL Gambling Market: Overreaction to News and the Recency Bias", *Journal of Behavioral and Experimental Finance* 31 (setembro de 2021): 100522, https://doi.org/10.1016/j.jbef.2021.100522.
5 Michael Bar-Eli et al., "Action Bias Among Elite Soccer Goalkeepers: The Case of Penalty Kicks", *Journal of Economic Psychology* 28, n. 5 (2007): 606-21, https://doi.org/10.1016/j.joep.2006.12.001.
6 Peter Jensen Brown, "The History and Origin of 'Monday Morning Quarterback'", *Early Sports and Pop Culture History Blog*, acesso em 13 de março de 2023, https://esnpc.blogspot.com/2014/07/the-history-and-origin-of-monday.html.

Capítulo 6. TOLERÂNCIA À ADVERSIDADE

1 D. Meichenbaum e R. Cameron, "Stress Inoculation Training", em *Stress Reduction and Prevention*, orgs. D. Meichenbaum e M. E. Jarenko (Boston: Springer, 1989), 115-54, https://doi.org/10.1007/978-1-4899-0408-9_5.
2 Pesquisas demonstram que, embora todos estejam sujeitos a lutar, fugir ou permanecer imóvel, as mulheres também são propensas aos instintos de "cuidar e fazer amizade" quando expostas a fatores estressantes, ou seja, manter a prole segura (cuidar) e se afiliar e buscar segurança com outras pessoas (fazer ami-

zade). Shelley E. Taylor et al., "Biobehavioral Responses to Stress in Females: Tend-and-Befriend, Not Fight-or-Flight", *Psychological Review* 107, n. 3 (2000): 411-29, https://doi.org/10.1037//0033-295X.107.3.411.
3   Robert M. Sapolsky, *Why Zebras Don't Get Ulcers*, 3. ed. (Nova York: Holt Paperbacks, 2004), 11.
4   Sapolsky, *Why Zebras Don't Get Ulcers*, 6.
5   Por exemplo, um artigo de 2015 sobre a KMI (imagética motora cinestésica) cita estudos anteriores que mostram como a "frequência do uso da KMI aumenta com o nível competitivo, diferencia os jogadores profissionais dos amadores e distingue os competidores olímpicos de atletismo bem-sucedidos dos que não são bem-sucedidos". K. Richard Ridderinkhof e Marcel Brass, "How Kinesthetic Motor Imagery Works: A Predictive Processing Theory of Visualization in Sports and Motor Expertise", *Journal of Physiology Paris* 109, n. 1-3 (2015): 53-63, https://doi.org/10.1016/j.jphysparis.2015.02.003.
6   Paul S. Holmes e David J. Collins, "The PETTLEP Approach to Motor Imagery: A Functional Equivalence Model for Sport Psychologists", *Journal of Applied Sport Psychology* 13, n. 1 (2001): 60-83, https://doi.org/10.1080/10413200109339004.
7   Alguns estudos em apoio a esses pontos:

Um estudo de 2017 na *Frontiers in Psychology* descobriu que os participantes que praticaram respiração profunda (4 RPM nesse estudo) adquiriram uma atenção significativamente melhor e reduziram as taxas de cortisol (um indicador de estresse); Xiao Ma et al., "The Effect of Diaphragmatic Breathing on Attention, Negative Affect, and Stress in Healthy Adults", *Frontiers in Psychology* 8 (6 de junho de 2017): 874, https://doi.org/10.3389/fpsyg.2017.00874.

Um estudo de 2017 com atiradores competitivos descobriu que a VFC (variabilidade da frequência cardíaca) mais alta está relacionada à autoconfiança e é um forte indicador de desempenho. E. Ortega e C. J. K. Wang, "Pre-Performance Physiological State: Heart Rate Variability as a Predictor of Shooting Performance", *Applied Psychophysiology and Biofeedback* 43, n. 1 (março de 2018): 75-85, https://doi.org/10.1007/s10484-017-9386-9.

Outro estudo, de 2017, revelou que respirar a 6 bpm por 15 minutos melhora o humor, reduz a pressão arterial e aumenta a VFC. Patrick R. Steffen et al., "The Impact of Resonance Frequency Breathing on Measures of Heart Rate Variability, Blood Pressure, and Mood", *Frontiers in Public Health* 5 (25 de agosto de 2017): 222, https://doi.org/10.3389/fpubh.2017.00222.
8   Szu-chi Huang, Liyin Jin e Ying Zhang, "Step by Step: Sub-Goals as a Source of Motivation", *Organizational Behavior and Human Decision Processes* 141 (julho de 2017): 1-15, https://doi.org/10.1016/j.obhdp.2017.05.001.

9 L. Houser-Marko e K. M. Sheldon, "Eyes on the Prize or Nose to the Grindstone? The Effects of Level of Goal Evaluation on Mood and Motivation", *Personality and Social Psychology Bulletin* 34, n. 11 (2008): 1.556-69, https://doi.org/10.1177/0146167208322618.

10 O Dr. Ellis, que faleceu em 2007, desenvolveu o modelo ECC em meados da década de 1950 como a pedra angular de uma nova abordagem terapêutica para a saúde mental, que ele chamou de Terapia Racional Emotiva (TRE). A TRE (hoje frequentemente chamada de TREC, Terapia Racional Emotiva Comportamental) foi um dos primeiros exemplos de Terapia Cognitivo-Comportamental (TCC), por meio da qual um paciente (geralmente com a ajuda de um terapeuta) examina e ajusta a forma como pensa e aborda as coisas, em um esforço para melhorar sua saúde mental (principalmente ansiedade e depressão). Era uma abordagem nitidamente diferente da forma de psicoterapia comumente aceita na época, na qual um terapeuta ajuda o paciente a explorar pensamentos, emoções e experiências conscientes e inconscientes da infância como forma de explicar e abordar problemas de saúde mental.

11 Shakespeare, *Hamlet*, 2.2.239-40.

12 Alia J. Crum, Peter Salovey e Shawn Achor, "Rethinking Stress: The Role of Mindsets in Determining the Stress Response", *Journal of Personality and Social Psychology* 104, n. 4 (2013): 716-33, https://doi.org/10.1037/a0031201.

13 Kelly McGonigal, *The Upside of Stress: Why Stress Is Good for You, and How to Get Good at It* (Nova York: Avery, 2016), xxi.

Capítulo 7: EQUILÍBRIO E RECUPERAÇÃO

1 Jarrod M. Haar et al., "Outcomes of Work-Life Balance on Job Satisfaction, Life Satisfaction, and Mental Health: A Study Across Seven Cultures", *Journal of Vocational Behavior* 85, n. 3 (December 2014): 361-73, https://doi.org/10.1016/j.jvb.2014.08.010.

2 Gunnthora Olafsdottir et al., "Health Benefits of Walking in Nature: A Randomized Controlled Study Under Conditions of Real-Life Stress", *Environment and Behavior* 52, n. 3 (2018): 248-74, https://doi.org/10.1177/0013916518800798.

3 Gregory N. Bratman et al., "Nature Experience Reduces Rumination and Subgenual Prefrontal Cortex Activation", *Proceedings of the National Academy of Sciences* 112, n. 28 (29 de junho de 2015), https://doi.org/10.1073/pnas.1510459112.

4 Lilian Jans-Beken et al., "Gratitude and Health: An Updated Review", *Journal of Positive Psychology* 15, n. 6 (2020): 743-82, https://doi.org/10.1080/17439760.2019.1651888.

Capítulo 8: PRATICANDO A EXCELÊNCIA

1 Will Durant, *The Story of Philosophy: The Lives and Opinions of the Greater Philosophers* (Nova York: Simon & Schuster, 1926), 69.

SOBRE OS AUTORES

Eric Potterat, Ph.D., psicólogo clínico e de desempenho, é um destacado especialista em otimização de desempenho individual e organizacional. Ele se aposentou como comandante da Marinha dos Estados Unidos após vinte anos de serviço, sendo que nos últimos dez anos atuou como psicólogo dos Navy SEALs. Foi responsável pela criação do currículo formal de força mental durante o treinamento BUD/S, usado até hoje. Após a carreira militar, passou vários anos como diretor de desempenho especializado do Los Angeles Dodgers e contribuiu para que a equipe ganhasse três títulos da Liga Nacional e o Campeonato Mundial de 2020. Também trabalhou com atletas da Red Bull, com a equipe nacional de futebol feminino dos Estados Unidos e com diversos atletas olímpicos, socorristas, líderes empresariais e astronautas da NASA. Divide seu tempo entre San Diego, Califórnia, e Whitefish, Montana, ao lado da família.

Alan Eagle é autor e instrutor de comunicação executiva, e ajuda líderes e empresas a preparar e contar suas histórias. Trabalhou por 16 anos na Google, em parceria com executivos, para comunicar a história da empresa a clientes, parceiros, funcionários e o público. É o fundador da TDC Network, organização sem fins lucrativos que oferece treinamento executivo para líderes de impacto social. E ainda coautor dos livros *Como o Google funciona* e *O coach de um trilhão de dólares*, e autor de sete cartas ao editor publicadas na *Sports Illustrated*. Alan mora na área da baía de São Francisco com a mulher e família.

CONHEÇA ALGUNS DESTAQUES DE NOSSO CATÁLOGO

- Augusto Cury: Você é insubstituível (2,8 milhões de livros vendidos), Nunca desista de seus sonhos (2,7 milhões de livros vendidos) e O médico da emoção
- Dale Carnegie: Como fazer amigos e influenciar pessoas (16 milhões de livros vendidos) e Como evitar preocupações e começar a viver
- Brené Brown: A coragem de ser imperfeito – Como aceitar a própria vulnerabilidade e vencer a vergonha (900 mil livros vendidos)
- T. Harv Eker: Os segredos da mente milionária (3 milhões de livros vendidos)
- Gustavo Cerbasi: Casais inteligentes enriquecem juntos (1,2 milhão de livros vendidos) e Como organizar sua vida financeira
- Greg McKeown: Essencialismo – A disciplinada busca por menos (700 mil livros vendidos) e Sem esforço – Torne mais fácil o que é mais importante
- Haemin Sunim: As coisas que você só vê quando desacelera (700 mil livros vendidos) e Amor pelas coisas imperfeitas
- Ana Claudia Quintana Arantes: A morte é um dia que vale a pena viver (650 mil livros vendidos) e Pra vida toda valer a pena viver
- Ichiro Kishimi e Fumitake Koga: A coragem de não agradar – Como se libertar da opinião dos outros (350 mil livros vendidos)
- Simon Sinek: Comece pelo porquê (350 mil livros vendidos) e O jogo infinito
- Robert B. Cialdini: As armas da persuasão (500 mil livros vendidos)
- Eckhart Tolle: O poder do agora (1,2 milhão de livros vendidos)
- Edith Eva Eger: A bailarina de Auschwitz (600 mil livros vendidos)
- Cristina Núñez Pereira e Rafael R. Valcárcel: Emocionário – Um guia lúdico para lidar com as emoções (800 mil livros vendidos)
- Nizan Guanaes e Arthur Guerra: Você aguenta ser feliz? – Como cuidar da saúde mental e física para ter qualidade de vida
- Suhas Kshirsagar: Mude seus horários, mude sua vida – Como usar o relógio biológico para perder peso, reduzir o estresse e ter mais saúde e energia

sextante.com.br